Rainer Seil

Brezel-Adam, Grumbeerschoo & Co.

Geschichten und Anekdoten
aus der Pfalz

Wartberg Verlag

Bildnachweis:
Fotoarchiv Rainer Seil: S. 9, 14, 50, 59, 71, 77
ullstein bild: S. 48
Stadtarchiv Kaiserslautern/Helmut Göring:
alle übrigen Bilder
Peter Turgetto/Medienzentrum Kaiserslautern
(oben), Edith Brendel (unten): Titelbilder

1. Auflage 2008
Satz und Layout:
Grafik & Design Ulrich Weiß, Gudensberg
Druck: Thiele & Schwarz, Kassel
Buchbinderische Verarbeitung: Büge, Celle
© Wartberg Verlag GmbH & Co. KG
34281 Gudensberg-Gleichen, Im Wiesental 1
Telefon (0 56 03) 9 30 50
www.wartberg-verlag.de
ISBN 978-3-8313-1929-9

Inhaltsverzeichnis

Vorwort

Heiteres und Erinnernswertes, das soll das Motto dieses Büchleins sein. Die Zeiten, die hier beschrieben sind, gehören schon lange der Vergangenheit an. Sie reichen vom späten 19. Jahrhundert bis in die 1960er und 1970er Jahre.

Die erwähnten Menschen und Originale der Geschichten und Anekdoten existieren ebenfalls nur noch in der Erinnerung. Im umfangreichen „Buch der Pfälzischen Persönlichkeiten", dem „Who's Who" der Pfalz, wie sie Viktor Carl beschrieben hat, wird man vergeblich nach ihnen suchen. Und dennoch haben viele der hier vorgestellten Menschen häufig viele Jahrzehnte auf ihre Art und Weise vor Ort das Geschehen bestimmt. Das Schachtelmännche, der Brezel-Adam, 's Luiche, der Nickla sind solche Originale. Zu ihren Lebzeiten waren die meisten nicht einmal mit ihrem bürgerlichem, sondern ausschließlich mit ihren „Uznamen" bekannt. Häufig erst nach ihrem Tod erinnerten sich viele an ihre bestimmte, meist liebenswerte und unverwechselbare Individualität. Nicht selten beklagten schon zeitgenössische Nachrufe, mit ihnen sei ein Teil der Stadt- bzw. Regionalgeschichte für immer dahingegangen.

Ganz gleich, ob nun eher amüsant oder mehr nachdenklich – alle Geschichten und Anekdoten stehen im Kontrast zur rastlosen Schnelllebigkeit unserer Tage. Vielleicht ist es gerade das, was heute ihren besonderen Reiz ausmacht.

Viel Freude bei der Lektüre.

Rainer Seil

„Kaddel" – eine „Powerfrau" in schwierigen Zeiten

Gewiss, die Zeiten haben sich schon längst gewandelt. Gemeinhin herrscht heute häufig die weitverbreitete Vorstellung, dass im verklärenden Rückblick betrachtet früher alles gesitteter und vor allem obrigkeitshöriger zuging als in unserer modernen, oft als respektlos gescholtener Zeit. So heißt es allenthalben, oft wider besseres Wissens. Und doch erfährt man immer wieder, dass es auch schon lange vor dem Zweiten Weltkrieg Frauen gab, die heute mit dem Begriff „Powerfrau" belegt würden.

Kaddel, die eigentlich Katharina hieß, darf hier ohne Zweifel eingereiht werden. Heute würde sie mit ihrem damals eher ungewohnten, vielleicht verpönten Verhalten kaum noch Anstoß erregen. Doch wir befinden uns in der Zeit kurz vor und unmittelbar nach dem Ersten Weltkrieg. Da war es noch weithin üblich, dass die Kinder zum Geburtstag des allseits äußerst beliebten und verehrten Prinzregenten Luitpold einen Weck erhielten und Eltern, Nachbarn, Lehrern und anderen Obrigkeiten Respekt entgegenbrachten. Das hatte gemeinhin Gültigkeit.

Es war im Winter 1898. Draußen war es eisig kalt. Von den Dächern ihres Geburtsdorfes vor den Toren Landaus hingen lange Eiszapfen. Gerade um diese Zeit wurde ein gesundes Mädchen geboren. Doch schon bald änderte sich alles. Das Baby hörte nicht mehr auf zu husten. Die besorgten Eltern konsultierten den Arzt, nachdem sich der Zustand zusehends verschlechtert hatte. Er überlegte und machte den

Eltern mit besorgter Miene klar, dass es nicht viel Hoffnung für die Kleine gäbe. Sie hatte Keuchhusten, und das, obwohl sie erst sechs Tage alt war. „Es gibt nur noch eine Möglichkeit, sie zu retten, aber die ist nicht ungefährlich", so die Worte des Arztes.

Die Kleine wurde in eine Decke gewickelt und zu einem nahen Brunnen gebracht. Daraufhin gab der Arzt dem Vater folgende Anweisung: „Jakob, du musst mir jetzt helfen. Ich halte die Kleine unter die Pumpe, und du musst kräftig Wasser über sie laufen lassen." Gesagt, getan. Plötzlich gab es einen lauten Schrei, und das Mädchen war gerettet. Mit großer Freude wurde sie ins Haus getragen. „Das war eine Rosskur", sagte der Arzt, „mit ihr werdet ihr noch manches mitmachen, an ihr ist ein Bub verlorengegangen."

Es sollte sich bewahrheiten. Schon früh verschaffte sich Kaddel in der kinderreichen Familie, in die sie hineingeboren worden war, Respekt, auch gegenüber ihren älteren Brüdern. Später entwickelte sie sich zu einem äußerst selbstbewussten, ja geradezu burschikosen Mädchen, das nichts und niemanden fürchtete. Auch gegenüber den zahlreichen Kindern und Jugendlichen in ihrer Nachbarschaft und in ihrem Dorf hatte sie sich bald den nötigen Respekt verschafft. Niemand wagte es da noch, sich mit ihr ernsthaft anzulegen.

Sie zeigte auch wenig Achtung vor ihren Lehrern und den sonstigen Honoratioren ihres Dorfes. Sie ging nicht vom „Trottoir", wenn sich die hohen Herrschaften näherten, wie es die anderen Kinder taten.

Verständlich, dass sie damals mit diesem selbstbewussten und aufmüpfigen Verhalten eher aneckte.

Beschwerden aus der Nachbarschaft, aus der Schule und auch sonst konnten da nicht lange ausbleiben. Ihre Eltern mussten sich damit abfinden, denn auch ihrer Autorität entzog sich die Kaddel.

Wer jedoch nun glaubt, mit dem Ende der Kaiser- und Prinzregentenzeit und damit der auf Obrigkeitshörigkeit bedachten Monarchie hätte sich vielleicht auch das Verhalten von Kaddel geändert, der irrt gewaltig. Sie blieb sich weiterhin treu und fürchtete auch nicht die französische Besatzungsmacht, die im nahen Landau direkt nach dem Ende des Ersten Weltkriegs eine Kommandantur eingerichtet hatte. Die Franzosen begingen Feiertage und Jubiläen feierlich auf dem mitten in der Stadt gelegenen Landauer Paradeplatz mit französischer Militärmusik. Überliefert ist nur so viel: Erwartungsgemäß traf diese Musik nicht nur bei vielen Pfälzern, sondern auch bei der Kaddel auf wenig Gegenliebe, galt sie doch linksrheinisch als ein weiteres Symbol von Besatzungswillkür. „Die Franzose hawwe awer e komisch Duddelmussik", war ihr Kommentar. Ihre abfällige Äußerung wurde sogleich an die Kommandantur weitergeleitet, und die Kaddel erhielt postwendend eine Vorladung. Sie sollte ihre Aussage unverzüglich widerrufen und sagen: „Die Franzosen haben doch eine schöne Musik." Eine Woche lang musste sie jeden Tag auf der Kommandantur erscheinen und diesen Satz sagen.

„Fährenfrust" im
zuletzt bayerischen Ebernburg

Brücken verbinden Einwohner gegenüberliegender Regionen und Ländereien über Bäche, Flüsse und Ströme hinweg. So ist es allgemein bekannt. Gab es vor Jahrzehnten keine solche Einrichtung, übernahmen Fährleute diese Aufgabe. In der alten Kurpfalz liegt an der Nahe Ebernburg, einst Amt Rockenhausen, heute Stadtteil von Bad Münster am Stein-Ebernburg mit seiner markanten Landschaftskulisse mit dem atemberaubenden Rotenfels und Rheingrafenstein. Längst gibt es hier Straßen- und Bahnübergänge über die Nahe hinweg.

Einst jedoch versahen Fährleute hier ihren Dienst, und das nicht immer zur großen Freude der Anwohner und Reisenden.

Hier verlief die Grenze zwischen Bayern und Preußen, wenn auch die Fähren an dieser Stelle schon viel älter waren als die preußisch-bayerische Grenze. Keine Geringeren als die Grafen von Sickingen hatten im Erbbestand zahlreichen Fährmännern das Recht erteilt, hier Passagiere über die Nahe zu setzen. Darüber berichten alte und vergilbte Akten. Wer nun aber glaubt, in Archiven lagern nur nüchterne, verstaubte Verwaltungsakten, der irrt. Neben Daten und Fakten fanden auch humorvolle Passagen Eingang in das Schriftgut. Für die Benutzer der Fähre gab es allerdings weniger Grund zum Schmunzeln. Sie waren häufig verärgert, weil sie zu lange warten mussten oder die Überfahrt selbst zu lange dauerte und sie den Anschlusszug im gegenüberliegenden Münster am Stein verpassten. Was konnte man schon anders während der Wartezeit anfangen, als den Ärger in den nahen Gaststätten mit Wein oder Schnaps herunterzuspülen. Es muss ein wahres Kreuz mit dieser Fähre gewesen sein: „...Hätten sich alle Klagen, Flüche und Schimpfworte, welche die Ebernburger Nahe-Fährger über diese Verkehrsstockungen seit einem Menschenalter hören mussten, in Steine und Mörtel verwandelt – wahrhaftig, zwei Brücken nebeneinander hätten davon in aller Behaglichkeit erbaut und nebenbei auch noch eine ‚Gelderhebungs-Anstalt' ausgeführt werden können...“

Beklagt wurde unter anderem, dass diese Fähre den Verkehrsstrom von der Nordpfalz über Münster am Stein nach Kreuznach eher behinderte denn förderte: „...Stockt nun der Verkehr mit Kreuznach, so

Nahebrücke mit dem imposanten Rotenfelsmassiv, von der früheren kurpfälzischen Seite aus gesehen

9

stockt eben alles, und dass bei dem neulichen 1½ Fuß hohen Schnee und dem darauf folgenden hohen Wasserstande alles stockte: wer wollte dieses bezweifeln. Die Posten von dorther blieben ganz aus oder kamen doch nur mit großer Noth bei uns an, und wenn hie und da ein Menschenkind hinaus sich wagen wollte und dessen Compaß nach Kreuznach zeigte – o Jammer! Es fand an der Nahe bei Ebernburg die Welt mit Brettern zugeschlagen, und – wollte und mußte es doch fort – eine zwölfstündige Omnibusfahrt nach Lautern bei Nacht und Wind blieb das letzte Mittel…"

Diese Schilderung und die Fähre selbst sind inzwischen seit Jahrzehnten Geschichte. Längst gibt es an der betreffenden Stelle Brücken aus der Richtung Bad Kreuznach in Richtung Kaiserslautern und eine Eisenbahnverbindung. Wer nun meint, mit dem Einstellen des Fährverkehrs wäre jeglicher Ärger und Verdruss verflogen, der hat noch nie etwas vom sogenannten „Brückengeld" gehört. Dieses wurde tatsächlich noch in den 1920er und 1930er Jahren hier erhoben. So war zwar die Nahe an dieser Stelle nunmehr trockenen Fußes zu überwinden, doch der Missmut über das „Brückengeld" sorgte weiterhin für Verstimmung, bis es später aufgehoben wurde.

1882 und 1921 –
zwei denkwürdige Jahre in Oppau

Oppau ist heute ein Stadtteil Ludwigshafens und liegt in unmittelbarer Nähe zur weltbekannten BASF. Am 23. September 1921 ereignete sich auf dem Betriebsgelände der BASF eine folgenschwere Explosion. Die Detonation war gewaltig. Sie verwandelte einen Teil von Oppau und des nahen Werkgeländes in eine trostlose Mondlandschaft. Etwa 600 Menschen kamen ums Leben. Die Druckwelle war so zerstörerisch, dass 400 Häuser völlig vernichtet wurden. Diese schlimme Katastrophe hat sich bis heute ins Gedächtnis eingebrannt.

Fast vierzig Jahre vorher war Oppau bereits von einem schweren Desaster heimgesucht worden. In der Nacht vom 29. zum 30. Dezember 1882 brach bei Oppau der Rheindamm.

Hochwasser sind alle Rheinanlieger gewohnt. Es gehört zum größten deutschen Strom. Um Weihnachten 1892 war der Winter ungewöhnlich mild. Eine Föhnwetterlage sorgte in den Alpen dafür, dass die Schneemassen sehr rasch schmolzen. Schon bald darauf stieg der Rheinpegel am Oberrhein bedrohlich an. Dann ging alles sehr schnell. Die Feuerwehr und freiwillige Helfer, die den Dammbruch verhindern wollten, konnten nur mit größter Mühe noch das nackte Leben retten. Die trüben Wassermassen überfluteten Oppau. Es wurden die Sturmglocken geläutet, um die Bevölkerung zu warnen, die bereits Vorkehrungen getroffen hatte. Kurz darauf standen die tiefer gelegenen Stadtteile von Oppau unter Wasser.

Die Evakuierten verbrachten eine sorgenvolle Nacht, denn die Wassermassen stiegen unaufhörlich. Manche mussten aus sicherer Entfernung ohnmächtig zusehen, wie ihre Häuser dem Wasser nicht mehr standhielten und einstürzten. Manche Straßen hatten sich in reißende Kanäle verwandelt. Die von der Außenwelt abgeschnittene Bevölkerung in Oppau wurde mit Kähnen aus Ludwigshafen und dem badischen Sandhofen (heute Stadtteil von Mannheim) mit dem Notwendigsten versorgt. Die Hilfsbereitschaft der Sandhofener Bevölkerung ging so weit, dass sie einen Teil der Oppauer Bevölkerung evakuierte und bei sich aufnahm. Dabei ereignete sich ein tragisches Unglück. Auf der Fahrt nach Sandhofen kenterte ein mit 45 Personen besetztes Boot in den reißenden Fluten. Nur dreizehn Insassen kamen mit dem Leben davon.

Erst allmählich zeigte sich das ganze Ausmaß dieser Katastrophe. Nicht nur Oppau, sondern auch die pfälzischen Rheingemeinden nördlich des Frankenthaler Kanals, beispielsweise Mörsch, Bobenheim, Roxheim, standen völlig unter Wasser. Noch am 2. Januar konnte ein Dampfschiff in den Straßen Oppaus als Verkehrsmittel eingesetzt werden! Die Katastrophe löste damals eine große Hilfsbereitschaft in der Bevölkerung aus, denn ihre Ausmaße waren gewaltig: Allein im Bezirksamt Frankenthal zählte man 3500 Obdachlose. Erst Mitte Januar konnten die überfluteten Stadtteile wieder betreten werden. Für die Instandsetzung des gebrochenen Damms wurden insgesamt 200 000 Mark bewilligt, davon allein 70 000 Mark für den Damm bei Oppau.

„'s Luiche" – Ein Zweibrücker Original

Im Adressbuch der Stadt Zweibrücken von 1908/1909 findet sich der Name Arnold Ludwig, besser bekannt als „'s Luiche". Wie damals in solchen amtlichen Nachschlagebüchern üblich, wurde neben dem Namen auch der Beruf bzw. das Gewerbe des Betreffenden vermerkt. Bei Ludwig war dies die Berufsbezeichnung „Dienstmann" und „Ansichtskartenhändler". Beides waren jedoch keine Tätigkeiten, die ein üppiges Einkommen garantierten. So musste er – wie viele andere auch – noch weiteren Beschäftigungen nachgehen, um einigermaßen finanziell über die Runden zu kommen und verkaufte an Sonn- und Feiertagen Schnürsenkel und Brezeln. Sein Hauptberuf war jedoch der des Dienstmannes. Er transportierte das Gepäck der feinen Herrschaften vom Bahnsteig zum Wagen oder nach Hause. Die körperlich anstrengende Tätigkeit gereichte seiner Gesundheit nicht immer zum Vorteil.

Einmal taten Ludwig vom schweren Heben und Tragen sämtliche Knochen so weh, dass er unverzüglich einen Arzt aufsuchen musste. Dieser verschrieb ihm eine Tinktur zum Einreiben. Zu Hause angekommen, nahm „'s Luiche" die Arznei etwas genauer unter die Lupe. Er roch daran und stellte fest, dass die Arznei Alkohol enthielt. Eine Geschmacksprobe folgte. Auch der Geschmack sagte ihm zu und bald musste Nachschub her. Dem Arzt berichtete er, er habe die Tinktur versehentlich verschüttet, und er möge sie ihm doch erneut verschreiben.

Ludwig hatte auch seinen ihm eigenen berufsbezogenen Stolz und Dünkel. So ist überliefert, dass ihn

Schloss Zweibrücken, heute pfälzisches Oberlandesgericht

einmal ein Hoteldiener bat, ihm einen Koffer auf den Wagen zu heben. Darüber war 's Luiche wenig begeistert. Grimmig kommentierte er: „Gewitter noch emool. ... Ich bin en Dienschtmann fer die Herrschafte und nit e Depp fer en Hausborsch."

Es kam der Tag, an dem 's Luiche in den Stand der Ehe trat. Seine Braut brachte allerdings bereits zwei Kinder in die Ehe mit. Einmal auf diesen Umstand angesprochen, meinte Ludwig, er hätte sie auch geheiratet, wenn sie nicht die beiden Kinder mitgebracht hätte.

Einmal war seine Frau krank. Sie musste das Bett hüten und 's Luiche sich um sie kümmern. Er mühte sich am Herd mehr schlecht als recht redlich ab, ihr eine gute Suppe zu bereiten. Doch schmeckte sie seiner Frau nicht besonders. Darüber war der unfreiwillige Koch entrüstet: „… Du willscht des gute Sibbche nit esse? Na gut, ich schlach mehr zwei Eier 'nin und fress sie selwer."

Arnold Ludwig überlebte seine Frau. Es nahte der Tag der Beerdigung. Erst konnte er die passenden Taschentücher nicht finden, und auch nach der Beisetzung fand er nicht die richtige Ruhe. Schließlich überkam ihn aber doch der große Hunger. Er setzte sich auf einen großen Stein und biss herzhaft in ein Stück Wurst. Dieses Verhalten verwunderte einen der Trauergäste doch sehr und er fragte 's Luiche, ob ihm denn nach dem Ableben seiner Frau nicht der Appetit vergangen sei. Doch auch in dieser Situation hatte er die rechte Antwort parat und entgegnete: „Ich lass mich nit verhungere, bloß weil mei Frau geschtorb isch."

Verpatztes Ziegenglück

Es gibt wohl kaum ein Berufsbild, das sich in den letzten Jahrzehnten so stark verändert hat wie das des Lehrers. Er war wohl einst eine Respektsperson im Ort, doch auch immer wieder Zielscheibe des Spotts und mancher Streiche.

Die „Schulmeister" lebten seinerzeit noch in schulnahen Dienstgebäuden, nicht selten im Schulgebäude selbst. Um mit ihrem spärlichen Gehalt finanziell über die Runden zu kommen, mussten sie häufig mehreren Nebenbeschäftigungen nachgehen. Das konnten sogar niedere Kirchendienste sein. So spielte sonntags der Lehrer die Orgel in der Kirche und erledigte noch andere Aufgaben eines Küsters.

Viele lebten völlig autark, bewirtschafteten in ihrer freien Zeit Äcker und hielten sich Vieh zur Fleisch- und Milchproduktion. Wenn es schon nicht für eine Kuh reichte, so mussten es doch wenigstens einige Ziegen sein.

Kurz vor Ausbruch des Zweiten Weltkriegs hielt sich ein Lehrer aus einem nordpfälzischen Ort nahe Wolfstein neben mehreren Ziegen auch Fische, Kanarienvögel und Wellensittiche. Im Laufe seines Lehrerdaseins hatte er mehrere Marotten entwickelt, die ihn wohl für die gelegentlichen Streiche der Schuljugend prädestinierten.

Manchmal hatte er keine Lust neben dem anstrengenden Schuldienst auch noch seiner landwirtschaftlichen Ökonomie, so die zeitgenössische Bezeichnung, nachzugehen. Dann sprach er die Schuljugend an, sie möge ihm beispielsweise den Garten vor dem Haus umgraben oder ihn auch einmal beim Unkrautjäten unterstützen. Er zeigte sich anschließend seinen jungen Helfern erkenntlich, indem er ihnen einen Apfel zukommen ließ.

Eines Tages wünschte sich der Lehrer Ziegennachwuchs. Damals war es in den Dörfern gemeinhin üblich, dass zur Nachzucht von Kleinvieh entsprechende Vatertiere gehalten wurden, beispielsweise ein Ziegenbock oder auch ein Zuchteber. So brauchte er jetzt mehr oder weniger Freiwillige, die seine Ziege dem Bock zuführten, da der Besitzer des Ziegenbocks in Kreimbach lebte.

Schließlich übertrug er seinen beiden Schülern Otto und Willi diese Aufgabe. Nach dem Schulunterricht begaben sich die beiden Jungen mit der Geiß auf den Weg nach Kreimbach. Als Wegzehrung gab unser kostenbewusster Schulmeister jedem der beiden Knaben einen Apfel und die Gebühr für den Bockhalter mit. Es war ein außergewöhnlich heißer Tag und der Weg entsprechend weit. Schon bald machten Otto und Willi eine Rast unter einem schattigen Baum. Die Ziege hatten sie vorsichtshalber dort angebunden. Die beiden Jungs kamen ins Gespräch und beschlossen, die Ziege gar nicht bis nach Kreimbach zu führen. Sie wollten die Gebühr lieber für sich behalten und dafür ein paar Getränke kaufen – gesagt, getan.

Der Ziegennachwuchs blieb natürlich aus.

So beauftragte der Lehrer wieder Otto und Willi, die Ziege nach Kreimbach zum Bockhalter zu führen und diesmal führten sie tatsächlich den Befehl aus. Als sie sich schon mit dem Tier auf dem Rückweg befanden und dem Kreimbacher Bahnhof näherten, zeigte sich die Ziege äußerst störrisch und weigerte sich weiterzugehen. Da kam den Jungen die rettende Idee, mit der Ziege den Rest des Weges mit der Eisenbahn zurückzulegen. Der Schulmeister fiel aus allen Wolken, als ihm kurz darauf eine gesalzene Rechnung für die Zugfahrt zugestellt wurde.

Er fand das überhaupt nicht lustig und verabreichte den Bengeln am nächsten Tag eine ordentliche Tracht Prügel.

Kinderspott in vergangener Zeit

Nicht selten bestimmten Kinder und Jugendliche, wer in den erlesenen Kreis der „Originale" eines Ortes aufgenommen wurde, denn sie haben ein Gespür für die Schwächen der Erwachsenen. Besonders wenn es um körperliche Gebrechen geht, kann ihr Spott ziemlich grausam sein. Da schonten sie weder Gleichaltrige noch Ältere.

Eine aus Kindersicht äußerst kuriose Gestalt war der „Snewa". Wann immer in Kaiserslautern sich irgendwo eine johlende Kindermenge bildete, war der Snewa nicht weit. Er hatte die seltsame Angewohnheit, ruckartig den Kopf zu bewegen und Selbstgespräche zu führen. Meist jedoch lag er irgendwo betrunken in einer Ecke. Da war ihm der Spott der Kinder und Jugendlichen gewiss. Über die Herkunft seines Uznamens lässt sich schon spekulieren. Vielleicht verdankte er ihn diesen Worten: „Wir haben schon manches Milliönchen getrunken – mei Freind – und ich – is newa – is net."

Auch der „Grumbeerschoo" hatte Hohn und Spott zu ertragen. Er hatte krumme Beine, stotterte und schielte noch dazu. Wie sein Uzname schon andeutet, belieferte er viele Haushalte mit Kartoffeln. Dazu fuhr er auf Kleinlastwagen mit, um dann an den besagten Häusern beim Ausladen seine

Der „Snewa"

Dienste anzubieten. Hatte er jedoch einmal keine Mitfahrgelegenheit, dann fuhr er mit einem kleinen Karren durch die Stadt, sehr zur Freude der Kinder, die ihn dann mit Zurufen „Grumbeerschoo" verspotteten. „Ehr Lausbuwe, ich vewisch eich emol", erwiderte er dann verärgert. Der Post-Andres, ein hageres Männchen, war vor dem Ersten Weltkrieg stadtbekannt.

Der „Grumbeerschoo"

Er trug die Post aus, was natürlich seinen Bekanntheitsgrad sehr erhöhte. Wenn ihm Kinder über den Weg liefen, riefen sie: „Andres, mach e Langi." Wenn er sich dann umwandte und den Kindern eine Nase drehte, nahmen sie Reißaus. Doch der Post-Andres war harmlos. Wenn er sein Späßchen gemacht hatte, ging er unbeirrt weiter.

Auch der „Hannewackel" konnte den kritischen Kinderaugen nicht entgehen. Er war ein kleines rundliches Männchen mit Vollbart und trug einen völlig abgetragenen Mantel. In einem eher wackeligen Gang bewegte er sich durch die Straßen. „Hannewackel" schlief oft im Stroh, nachts im sogenannten „Knochenhäuschen". Auch für ihn hatten sie

Der „Post-Andres"

20

ihr Verslein parat: „Hannes, Drawannes, tra'(g) Wasser ins Haus, die Milch laaft iwwer un's Feier geht aus!" Auch das war unverkennbar eine Anspielung auf die Art, wie er seinen äußerst bescheidenen Lebensunterhalt bestritt. Er bot diverse Dienstleistungen gegen ein warmes Essen an.

Der „Hannewackel"

Ein weiteres Original war der „Kippestecher". Auch ihn verspotteten die Kinder, denn er war ganz und gar auf Zigarren- und Zigarettenstummel fixiert. Deshalb ging er immer gebückten Ganges durch die Straßen, in der Hoffnung, dort Kippen zu finden, die er dann eifrig auflas. Ihm dürfte damals bei seiner gründlichen Suche kaum eine entgangen sein. Mit den Tabakresten aus den Kippen stopfte er sich sein Pfeiflein. Dem kindlichen Spott stand er übrigens völlig gleichgültig gegenüber. Ihn konnte nichts aus der Ruhe bringen.

Friedrich Weiß, der „Hundsfritz" von der Sickingerhöhe

Sensible Tierfreunde mögen über Friedrich Weiß, den „Hundsfritz", die Nase rümpfen, dem trotz seiner eher abweisenden Art auf der Sickingerhöhe, dem Landstrich zwischen Kaiserslautern, Zweibrücken und Pirmasens, von seinen Mitmenschen Respekt und Vertrauen entgegengebracht wurde.

Einst hatte er ein durchaus bürgerliches Leben angestrebt. Doch die Zeit und das Schicksal machten aus ihm einen Eigenbrötler, einen Sonderling, der nicht mehr in ständiger Nähe zu anderen Mitmenschen leben konnte oder wollte.

Er war eine stattliche Erscheinung und entstammte einer wohlhabenden Bauernfamilie in Saalstadt auf der Sickingerhöhe. Das war in der Zeit lange vor dem Ersten Weltkrieg eine wichtige Voraussetzung für eine Karriere beim Militär. Zunächst schlug Friedrich Weiß tatsächlich diese Laufbahn ein. Er wurde für das Lehrbataillon des kaiserlichen Leibregiments in Berlin ausgehoben. Schließlich verschlug ihn der Beruf des Militärkochs in die Garnisonsstadt Zweibrücken.

Nach seiner Entlassung aus dem Militärdienst verdiente er seinen Lebensunterhalt auf der saarländischen Hütte in Brebach (heute Stadtteil von Saarbrücken). Hier erlitt er einen schweren Arbeitsunfall, verbrannte sich an flüssigem Eisen und konnte diesen Beruf nicht mehr ausüben. Dies war in seinem Leben wohl die schwerste Zäsur, die dazu führte, dass er sich entschied, zeitlebens unverheiratet zu bleiben.

Fortan war er auf Almosen seiner Mitmenschen angewiesen. Er lebte in einem ärmlichen Häuschen, in dem einst Knochen zu Dung vermahlen wurden. Selbst diese Behausung war ihm einst geschenkt worden. Eine Anschrift hatte sie nicht und brauchte sie auch nicht. Die wenigen an ihn adressierten Briefe waren einfach mit „An den Hunde-Friedrich, Sickingerhöhe" adressiert und erreichten ihr Ziel.

Der Hundsfritz lebte ganz für sich selbst und störte sich nicht an der Meinung anderer. Was ihn bei seinen Mitmenschen insbesondere in ein schlechtes Licht rückte, war die Tatsache, dass er herrenlose Hunde fing und aß. Die Hundefelle und das -fett verkaufte er an Apotheken.

Auch wenn sein Äußeres nicht von allen als angenehm empfunden wurde, brachte er es zu einiger Berühmtheit: Sein Bild, eine große ungepflegte und unrasierte Gestalt mit wallendem Bart, erschien damals in Zeitungen und Illustrierten. Selbst auf Tabakpackungen wurde er verewigt und in einem amerikanischen Film erreichte er gar ein weltweites Publikum. Ihn selbst interessierte dieser ganze Rummel um seine Person überhaupt nicht.

Sein äußerst bescheidenes Häuschen diente ihm immerhin 45 Jahre als Unterkunft. Im März 1956 verstarb Fritz Weiß auf dem St. Josephshof bei Annweiler. Dort hatte er seine letzten Lebensmonate verbracht. Nach seinem Tod sprach sich erst allmählich auf der Sickingerhöhe herum, dass er nicht mehr lebte.

Der „Brezel-Adam" – ein Kaiserslauterer Original

Wer heute durch die Fußgängerzone Kaiserslauterns schlendert, wird an der Ecke Eisenbahnstraße/Marktstraße ein in Bronze gegossenes, etwas klein geratenes Männchen erblicken. Ihm zu Füßen hockt ein Bub, dem der Brezelverkäufer geradezu gütig über den Kopf streichelt. „Brezel-Adam (1892 bis 1969)" ist dem steinernen Sockel zu entnehmen.

Wer war dieser Mann, dem der örtliche Künstler Werner Bernd 1977 mitten im Herzen der Stadt ein bronzenes Denkmal setzte?

Mit bürgerlichem Namen hieß er Adam Schmadel, war in und um Kaiserslautern jedoch zeitlebens als „Brezel-Adam" bekannt.

Er stammte ursprünglich aus Ramberg in der Südpfalz, einst bekannt für seine Bürstenbinder. Doch war Adam noch kein Jahr alt, als sein Vater mit einer großen Kinderschar in das damals aufstrebende Kaiserslautern zog, um dort in der Fabrik zu arbeiten. Auch Adam arbeitete in seiner Jugend in der Fabrik, fand aber nach dem Ersten Weltkrieg – wie so viele seiner Generation – in seinem angestammten Beruf keine Arbeit mehr.

Im Alter von 27 Jahren begann er als „Brezel-Adam" sein „ambulantes Gewerbe" als Brezelverkäufer. Schon bald gehörte er mit seinen Brezeln zu Kaiserslautern wie der 1. FCK oder die weltberühmten PFAFF-Nähmaschinen. Seine Kunden nahmen ihm den trockenen Humor genauso wenig übel wie die Tatsache, dass er sie duzte.

Mit den anderen „Originalen" in der Barbarossastadt wollte Adam Schmadel keinesfalls in einen Topf geworfen werden. Darauf legte er größten Wert, denn auch das sogenannte „Schachtelmännche" war stadtbekannt. Es trug seine ganzen Habseligkeiten, in Schachteln umgehängt, mit sich herum, was ihm seinen Uznamen und den Spott seiner Mitmenschen eingebracht hatte. Doch auch der allgemein beliebte und anerkannte Brezel-Adam wurde einmal Ziel-

Der „Brezel-Adam"

scheibe des Spotts und das ausgerechnet zur Zeit des Karnevals 1938, in der Frohsinn und Humor eher diktatorischer Zensur unterworfen waren. Der Spaß der Karnevalisten bestand darin, dass sie an der Decke der Gaststätte „Rote Laterne" den Brezel-Adam als Strohpuppe nachgebildet hatten. In unmittelbarer Nähe hing eine weitere Puppe, die unverkennbar das Schachtelmännchen darstellte. Der Brezel-Adam konnte darüber nicht lachen und mied fortan konsequent die Kneipe, die zuvor eines seiner Lieblingslokale gewesen war.

Über ein halbes Jahrhundert prägte er mit seinem Brezelkorb das Straßenbild und das bei Wind und Wetter. Erst, wenn sein Korb leer war, ging der Brezel-Adam in eine nahe Gaststätte und anschließend nach Hause, um am nächsten Tag wieder unverdrossen seine Brezeln feilzubieten.

An runden Geburtstagen widmete ihm die lokale Presse gern ein paar Zeilen. Im Jahre 1962 beging er seinen 70. Geburtstag und verkaufte wie gewohnt an seinen Stammplätzen Brezeln.

Zu seinem 75. Geburtstag sandte ihm der Oberbürgermeister zwei Flaschen Wein und einen Blumenstrauß. Groß war die Trauer und Anteilnahme, als Adam Schmadel im Dezember 1969 im Alter von 77 Jahren verstarb.

Der übereifrige Sergeant François Tatarin

Diese eher amüsante Geschichte spielt in den 1930er Jahren in unmittelbarer Nähe des elsässischen Städtchens Weißenburg (Wissembourg), direkt an der Grenze zur Pfalz gelegen.

Nach dem verlorenen Ersten Weltkrieg war die Pfalz nicht nur Besatzungsgebiet, sondern nach den Beschlüssen des Versailler Friedensvertrages war es auch keinem deutschen Soldaten mehr gestattet, sich im linksrheinischen Gebiet aufzuhalten.

Im nahen Wissembourg versah in jener Zeit ein französischer Sergeant namens François Tatarin seinen Dienst. Aus dem Landesinnern Frankreichs hatte es ihn an diesen weit abgelegenen Grenzposten zur Pfalz verschlagen. Wahrhaftig, eine aus seiner Sicht eher langweilige Angelegenheit! Die Tage verliefen dort mehr oder weniger eintönig. Er verschaffte sich Abwechslung dadurch, dass er vor seinem Zollhäuschen liebevoll ein paar Tomatenpflanzen kultivierte.

Eines Tages schaute er wieder einmal gelangweilt in Richtung Pfalz und damit nach Deutschland. Der Zufall wollte es, dass ein Windstoß von dort einen Zeitungsfetzen über die Grenze wehte. Dieser Zeitungsabschnitt verfing sich auf französischer Seite an einer Tomatenstaude des Sergeanten, der es sofort erspähte – „Mille tonners!“ Folgende Botschaft war zu lesen: „...Ludwigshafen am Rhein ist über Nacht zur Garnison geworden. 12 000 Mann, ein Detachement aller Waffen, tadellos equipiert wie aus der Schachtel...“ – hier endete die Nachricht. Monsieur

Tatarin war sich sofort sicher: Da war Gefahr im Verzuge. Wie konnte in der entmilitarisierten Zone so etwas geschehen? Welch eine brisante und hochpolitische Botschaft war ihm da im wahrsten Sinne des Wortes zugeflogen? Er musste seinen Dienstherrn vor dieser drohenden Gefahr unbedingt warnen. Sofort ergriff er seinen Feldstecher, doch außer Kartoffelfeldern konnte er auf deutscher Seite nichts Spektakuläres ausmachen.

Als seine Wachablösung nahte, gab es keine Zeit mehr zu verlieren. Sofort schwang er sich aufs Fahrrad und radelte zur Kommandantur. Er stürzte an das Telefon der Mairie und bat umgehend mit der vorgesetzten Stelle in Straßburg verbunden zu werden. Dort wünschte er den Präfekten höchstpersönlich zu sprechen. Die Angelegenheit sei viel zu geheimnisvoll, sie am Telefon auch nur in Ansätzen auszubreiten. Mit der höchsten Stelle verbunden, wusste Tatarin dem Vorgesetzten die Bedrohung durch 12 000 deutsche Soldaten zu vermitteln. Er hatte schon seine Beförderung vor Augen, vor allem endlich die Versetzung vom langweiligen Grenzposten.

Der Vorgesetzte ließ sich sofort mit dem Kriegsministerium in Paris verbinden. Auch der Präfekt in Straßburg war der festen Überzeugung, dass sich seine insgeheim schon lange befürchtete Ahnung hier bestätigt hatte. Endlich hatte er es schwarz auf weiß. 12 000 Soldaten waren in Ludwigshafen stationiert! So etwas hatte er schon immer heimlich befürchtet. Sogleich wollte der Präfekt den Nachtschnellzug nach Paris nehmen. Auch das hatte er sich schon lange wieder einmal gewünscht. Dem pflichtbewussten

Sergeanten zollte er größtes Lob und hob seine großen Verdienste für das Vaterland besonders hervor. Er stellte ihm sogar eine Beförderung an das Hauptzollamt in Aussicht. Seine Auslagen sollten ihm an der Hauptkasse unverzüglich erstattet werden. Tatarin wusste dieses Geld gut in Speis und Trank umzusetzen, vor allem in letzteres.

Die Mission des Präfekten war noch lange nicht beendet. Er eilte unverzüglich in die französische Metropole. Schon bald hielt er dem Kriegsminister das bedrohliche Beweisstück, einen Zeitungsfetzen mit einem Fettfleck, wohl zuletzt das Butterbrotpapier eines südpfälzischen Bauern, unter die Nase. Dieser ließ sogleich grenznahe Garnisonen in Weißenburg, Dieuze, Bitsch und Metz alarmieren: höchste Alarmbereitschaft!

Der Kriegsrat trat zusammen, an den Völkerbund wurde eine scharfe Protestnote gesandt und eigens der deutsche Botschafter einberufen, der das Ganze für einen Scherz hielt. Doch war der Gegenseite wenig nach Scherzen zumute. Man räumte dem deutschen Diplomaten eine zwölfstündige Frist ein, für Klarheit zu sorgen.

Wie überrascht war man in der fernen Pfalz in der Redaktion der Pfälzischen Zeitung, als sich hoher Besuch ankündigte: der Gesandtschaftsrat der deutschen Botschaft in Paris. Er zeigte den Zeitungsfetzen und man bemühte sich den vollständigen Text zu ermitteln. Das war nicht weiter schwer, wenngleich der Bericht bereits einige Tage alt war. Umso verblüffter waren alle, als man den Text vervollständigte: „... haben dauernd Quartier bezogen. Nämlich

Herr Kaufmann verfügt über eine großartige Samm-
lung von Bleisoldaten. 12 000 an der Zahl, die für die
Stadt eine Sehenswürdigkeit bedeuten..." Damit war
alles klar und der Diplomat lachte noch schallend,
als er schon das Flugzeug nach Paris betrat.

Es bedarf keiner großen Fantasie, dass der Präfekt einen gewaltigen Rüffel bekam. Und der über-
eifrige Sergeant Tatarin sich noch weitere fünf Jahre
um seine Tomatenstauden kümmern konnte!

Karl Hager – das „Schachtelmännchen"

Karl Hager, genannt das „Schachtelmännchen", war ein Kaiserslauterer Original und wurde 1872 in Crailsheim geboren. Seine Eltern übten das Weberhandwerk aus und hatten insgesamt 14 Kinder – damals durchaus nichts Ungewöhnliches. Doch von dieser großen Kinderschar erreichten nur Karl, sein Bruder und drei Schwestern das Erwachsenenalter. Karl erlernte den Beruf des Schriftsetzers und verlor schon recht früh seine Eltern. Beim Tode seines Vaters war er 22 Jahre alt. Seine Mutter starb bereits ein Jahr später.

Im Dezember 1914 zog er von Zweibrücken nach Kaiserslautern, wo er bei einer Zeitung seinem er-

Das „Schachtelmännche"

lernten Beruf nachgehen konnte. Nach dem Ersten Weltkrieg ereilte auch ihn zunächst die Arbeitslosigkeit. Aufgrund einer enttäuschten Liebe – so eine Überlieferung – brach er schließlich völlig mit dem bürgerlichen Leben, schlief im Sommer im Wald und im Winter in einem Holzkarren oder im Keller der Gaststätte „Zu den drei Mohren".

Er besaß sehr gute Französischkenntnisse, was ihm erlaubte, während der Besatzungszeit als Dolmetscher tätig zu werden. Nach dem Abzug der Franzosen aus der Pfalz entfiel jedoch auch diese Einnahmequelle. Ab diesem Zeitpunkt verdiente er sich seinen Lebensunterhalt u. a. mit Wahrsagen und Kartenlegen.

Merkwürdig mutet dagegen an, dass er ständig eine Vielzahl von Schachteln und Paketen mit sich herumschleppte. Dieser Umstand brachte ihm vor allem bei Kindern und Jugendlichen den Uznamen „Schachtelmännchen" ein. Da er niemals einen Frisör aufsuchte, hatte er einen bis auf die Schultern fallenden dunklen Bart. Die Kinder riefen ihm nach: „Schachtelmännche, geh' mer noh". Sein Äußeres war so Furcht erregend, dass sich manche Eltern nicht scheuten, ihren unartigen Kindern zu drohen: „Wenn du nicht brav bist, hol ich das Schachtelmännche!"

Das Lebensende Karl Hagers verlief tragisch. Seine letzten Lebensjahre verbrachte er als städtischer Pfründner im Bürgerhospital. Die Umstände seines Ablebens sind mysteriös. Im März 1943 erlitt er einen Schädelbruch. Die Gründe hierfür konnten nie geklärt werden. Es war bekanntlich die Zeit des Nationalsozialismus … Im Krankenhaus konnte man ihm nicht mehr helfen. Am 1. April 1943 verstarb Karl Hager – es war der Tag seines 71. Geburtstags.

In der Kaiserslauterer Innenstadt wurde auch ihm eine Bronzestatue gewidmet, nicht weit von der des „Brezel-Adams". So sind sich beide posthum doch noch nahe gekommen.

Vom „Futtes" und vom „Bebbes"

Der „Futtes" und der „Bebbes" gingen in den zahlreichen Sandsteinbrüchen um Kaiserslautern herum ihrer täglichen, durchaus schweren und nicht ungefährlichen Arbeit nach. Nach Feierabend traf man sie in den Kneipen der Barbarossastadt. Man kann sich vorstellen, dass beide nicht zu den Wohlhabenden gehörten. Ärgerlich war das vor allem dann, wenn man eine zu große Familie und dazu noch zu großen Durst hatte.

In der Kneipenwelt waren Futtes und Bebbes bekannt, aber nicht immer gut gelitten, war es doch um ihre Zahlungsmoral nicht gut bestellt.

Wenn es um das Bezahlen der Zeche ging, hatte der Futtes seine eigene Methode entwickelt, wenn der Geldbeutel leer war. Er holte seine beiden Bu-

Der „Futtes" und seine „Ardischte"

ben, zwei von insgesamt zehn Kindern, räumte einen der Tische frei und ließ die beiden auf dem Tisch akrobatische Turnübungen vollführen. Nicht wenige der Anwesenden erbarmten sich seiner und der Buben und warfen einen kleinen Obolus in den eigens aufgestellten leeren Bierhumpen. So konnte

Der „Bebbes"

die Zeche doch noch gezahlt werden. Auf die Anmerkung eines Gastes, dass das Geld doch eigentlich den beiden Buben zustünde, erwiderte der Futtes nur: „Das Geld kann ich denne net gewe, die henn allminanner verrissene Hossesäck."

Auch der „Bebbes" war in den Kneipen ein zwar häufiger, aber nicht gern gesehener Gast. Er hatte ebenso eine gewisse Raffinesse entwickelt, um mehr zu trinken und weniger dafür zu bezahlen. Mit der Zeit kam eine ganze Reihe unbezahlter Getränke zusammen. Irgendwann wurde es dem Wirt zu viel und er sagte: „Du hascht noch sechs Bier stehen! Die muscht du erscht emol bezahle." Sofort konterte der Bebbes: „Ei, wenn sie so lang stehen, dann sin se abgestanne. Schittsche eweg, dann is gut."

Die „Kratzberscht"

Unter den männlichen Originalen Kaiserslauterns konnte sich auch eine Frau behaupten. Mit bürgerlichem Namen hieß sie wohl Elise oder Elisabeth Sauer, was in der Mundart kurz zu „'s Sauers Elis" wurde. Wesentlich vertrauter war den Lauterern aber ihr Uzname „Kratzberscht". Sie liebte es, sich vornehm zu kleiden. Besonders an Sonntagnachmittagen warf sie sich gerne in Schale. Wenn sie darauf angesprochen wurde, wo sie denn hingehe, antwortete sie stets: „Uff die Blechhammer, danze." Beim Blechhammer handelt es sich um einen Stadtteil von Kaiserslautern.

Mode war schon immer ein Zeichen des persönlichen Geschmacks und auch des jeweils vorherrschenden Zeitgeistes. Vermutlich kleidete sie sich aus der Sicht der Jüngeren wohl eher etwas altmodisch, das deren Spott hervorrief. Zu besonderen Anlässen trug die „Kratzberscht" einen langen weißen Rock und eine dunkle Seidenbluse. Auch versäumte sie es nicht, sich einen etwas aus der Mode gekommenen großen Hut mit Federn und Blumen auf den Kopf zu setzen. Ihre Haare strich sie mit Pomade ein. In der Hand hielt sie ihren großen bunten Sonnenschirm.

Die „Kratzberscht"

Den Stadtbewohnern war selbstverständlich bekannt, dass ihre „vornehme" Garderobe aus edlen Häusern stammte. Aus Mitleid hatten ihr die Bessersituierten ihre dann und wann aus der Mode gekommenen abgelegten Kleidungsstücke gerne überlassen. So war die „Kratzberscht" dann aus der Sicht mancher Außenstehender etwas komisch „gemustert", wie man es damals zu nennen pflegte.

Sie fiel auf, was die Kinder gern zum Anlass nahmen, sie „Kratzberscht" zu rufen. Die so Bezeichnete machte ihrem Namen dann alle Ehre und reagierte äußerst kratzbürstig und schwang bedrohlich ihren großen Schirm.

Ihr Lebensende war dagegen wenig erfreulich. Sie starb völlig verarmt im Pflegeheim.

Die Pfälzer und die deutsche Hochsprache

Für Außenstehende klingt die Pfälzer Sprache recht melodisch, um nicht zu sagen anheimelnd und gemütlich. Die deutschen Dialekte sind charakteristisch und lassen sich gut sprechen. Die Probleme beginnen dann, wenn sie zu Papier gebracht werden sollen. Bekanntlich weisen sämtliche deutschen Dialekte ihnen eigene, typische Laute auf, die es nicht in der Hochsprache gibt. Diese in Schriftsprache umzusetzen, ist gar nicht so einfach. Besonders peinlich wird es, wenn es sich um einen hohen Würdenträger handelt, der des Hochdeutschen nicht mächtig ist. Es ist aber kein Geheimnis, dass gerade in den Amtsstuben schon immer die „offizielle", will sagen die hochdeutsche Sprache zu verwenden war.

So erging es auch einem pfälzischen Bürgermeister bei einer Begebenheit, die schon einige Jahrzehnte zurückliegt, denn in jener Zeit kannte man noch keine Löschblätter. Frische Tinte wurde noch mit Löschsand getrocknet und als Schreibutensil dienten Tintenfass und Federkiel. Er war ein tüchtiger, vom Landkommissär der nahen Kreisstadt sehr geschätzter Bürgermeister. Ein dummer Zufall wollte es, dass der Bürgermeister seinem Vorgesetzten ein eiliges Schreiben unbedingt zeitnah beantworten sollte. Doch ausgerechnet jetzt waren sowohl der Schullehrer als auch der Gemeindeschreiber nicht greifbar. Was also tun? Da war guter Rat teuer. Es blieb ihm nichts anderes übrig, als selbst zu Tinte und Papier zu greifen. Nach einiger Zeit hatte der Bürgermeister dann tatsächlich ein Antwortschreiben verfasst. Das Schreiben war für ihn kein Problem, wohl aber die hochdeutsche Rechtschreibung.

Freudig, die lästige Pflicht erledigt zu haben, unterzeichnete er sein „Machwerk" und übergab es dem Schweinehirten, der zufällig vorbeikam mit der Auflage, es auf schnellstem Wege seinem Dienstherrn zu überbringen.

Dieser machte sich sogleich auf den Weg und gelangte schließlich in die Kreisstadt, wo er zum Kreiskommissär vorgelassen wurde und das Schreiben übergeben konnte.

Der Kreiskommisär öffnete noch im Stehen das Schreiben, musste sich dann aber erst einmal setzen, denn er konnte kaum glauben, was er dort sah. Es war nicht der Inhalt des Schreibens. Damit konnte er durchaus konform gehen. Aber die Rechtschreibung des Bürgermeisters war eine einzige Katastrophe. Schließlich griff er zum Stift und versah das Schreiben mit einigen Anmerkungen. Er beendete sein Antwortschreiben mit den Worten: „Zurück an den Bürgermeister! Schreiben lernen! Der Landkommissär!"

Dem Schweinehirten kam die undankbare Aufgabe zu, wieder als Bote zwischen beiden Amtsträgern zu dienen. Schon bald hatte der Bürgermeister die Antwort seines Vorgesetzten auf dem Schreibtisch. Selbstverständlich verfehlten die letzten Worte des Schreibens nicht ihre Wirkung. Er ärgerte sich gewaltig, holte sogleich seine Schreibutensilien und war um eine rasche Antwort gegenüber dem Landkommissär nicht verlegen.

Der Schweinehirte brachte die Antwort erneut in die Kreisstadt, wo sie wenig später auf dem Schreibtisch des Landkommissärs landete. Was er da las, brachte das Fass zum Überlaufen, denn was da stand, war ihm in seiner ganzen Dienstzeit noch nie vorgekommen: „Zurück an den Herrn Landkommissär. Lesen lernen! Der Bürgermeister!"

Der Pfarrer und das Hühnerhaus

Neben dem Bürgermeister und dem Schullehrer zählten früher vor allem die Geistlichen zu den Honoratioren auf dem Dorf und in der Stadt. Die Besoldung dieser Würdenträger war seinerzeit allerdings sehr kärglich. Dafür genossen sie aber bei der Bevölkerung einen uneingeschränkten Respekt, vor allem in ländlichen Regionen. Sie waren auf Nebenverdienste dringend angewiesen. Pfarrer und Lehrer hielten auf dem Land häufig Kleinvieh und bewirtschafteten selbst etwas Acker- und Gartenland, um den Mittagstisch mit selbst angebauten Produkten ein wenig anzureichern.

Die Kirchen beider großen Konfessionen besaßen schon immer zahlreiche Ländereien und Liegenschaften, die zur Besoldung ihres Personals, zur Anschaffung von Kircheninventar und zur Finanzierung von Baumaßnahmen dienten. Dieses Vermögen stammte meist aus Stiftungen früherer Jahrhunderte. Die Kirche einer Pfarrei in der Pfalz in einer Kleinstadt an der Haardt besaß einige Weinberge. Der örtliche katholische Pfarrer ließ sie jedoch von einem einheimischen Winzer bewirtschaften. Anstelle einer Pacht wünschte der Pfarrer, dass ihm der Winzer auf seinem Grundstück dafür ein Hühnerhaus errichtete. Schon bald stand das Hühnerhaus und munter gackernde Hühner liefen umher. Es war aber kein Geheimnis, dass die Haushälterin des Pfarrers über die Hühnerhaltung ihres Vorgesetzten nicht besonders beglückt war. Der Pfarrer stammte selbst vom Lande und war mit der Viehhaltung sehr vertraut. Einmal kam der biedere Winzer zum Pfarrer mit einem Wunsch, den ihm dieser nicht erfüllen konnte oder wollte. Der Winzer war darüber so verärgert, dass er drohte, das Hühnerhäuschen zu zerstören. Wutentbrannt verließ er das Pfarrhaus und drohte, der Pfarrer werde sich noch ganz schön wundern.

So sollte es tatsächlich eintreten: Die Haushälterin war beim Einkauf und der Pfarrer erteilte in der Schule Religionsunterricht. Diesen Moment hatte der wütende Winzer abgewartet. Er kletterte über den Zaun des Pfarranwesens. Mit einem Pickel bewaffnet ging er auf das Hühnerhaus los und zerlegte es in seine Einzelteile. Die völlig verstörten Hühner flatterten aufgeregt hin und her. „Kein Stein blieb auf dem anderen." – diese Botschaft heftete der Winzer an das völlig demolierte Hühnerhaus. Der Pfarrer traute seinen Augen nicht, als er vor den Trümmern des Hühnerhauses stand. Niemals hätte er es für möglich gehalten, dass der Winzer seine Drohung wahr machen könnte. Nach reiflicher Überlegung wählte er endlich die Nummer des Winzers. Dieser saß auch schon am Telefon, hatte er doch mit einem Anruf des Pfarrers gerechnet.

Die Männer vereinbarten einen Termin im Wirtshaus, um die ganze Angelegenheit in Ruhe zu besprechen. Dort angekommen, warf der Winzer dem Pfarrer vor, er habe das Hühnerhaus nicht bezahlt, worauf ein heftiges Wortgefecht in schönster Pfälzer Mundart folgte. Schließlich hielt der Pfarrer inne und sagte in tadellosem Hochdeutsch: „Du bist Gottes Sohn, du brauchst keinen Lohn." Der Winzer antwortete in Mundart nicht weniger schlagfertig: „Du bischt Gottes Diener, also brauchsch kenn Hiener!"

Der „Rot-Berdel", ein Taugenichts aus Jockgrim

Es gibt Menschen, die in ihrem gesamten Leben niemals einen Finger krumm machen und dennoch über die Runden kommen. Im Falle des „Rot-Berdel" gilt dies nicht nur für die Zeit vor dem Ersten Weltkrieg, sondern über die äußerst verschiedenen nachfolgenden politischen Systeme und Regime hinweg. Er begann seine „Karriere" als Faulenzer schon sehr früh.

Eines seiner ersten Opfer war sein Lehrer, der gerade mit seiner Familie beim Essen saß. Der Rot-Berdel machte mit lautem Wimmern im Garten des Lehrers auf sich aufmerksam. Dieses Manöver hatte auch den gewünschten Erfolg. Der Lehrer hörte sein Wehklagen und lief mitsamt der Familie sogleich in den Garten. Als sie dort niemanden fanden, kehrten sie ins Haus zurück und mussten feststellen, dass ein Großteil ihres Mittagessens verspeist war. Das war für eine kinderreiche Lehrerfamilie in damaliger Zeit eine große Härte. Es gab nur Mutmaßungen, wer dafür verantwortlich sein könnte.

Doch sollte es nicht bei diesem einen Streich bleiben. Wenige Tage später stellte der Rot-Berdel erneut etwas an und hatte sich wieder den Lehrer als Opfer auserkoren. Nachts pinselte er mit Farbe eine Nachricht für die Schuljugend ans Lehrerhaus. Die Schüler vernahmen am nächsten Morgen mit Freude, dass – so die aufgepinselte Botschaft – der Unterricht ausfallen solle. Man konnte nur ahnen, dass wieder der Rot-Berdel seine Hände im Spiel gehabt hatte.

Der Rot-Berdel wuchs heran, doch änderte sich an seinem Verhalten wenig. Vor allem hatten es ihm in späteren Jahren alkoholische Getränke in jeglicher Form angetan. Sein Lieblingsplatz war die Dorfwirtschaft in Jockgrim, wo er auch seinen einzigen Beschäftigungen, dem Trinken und Kartenspiel, nachging. Von der Aufnahme einer geregelten Arbeit hielt der Rot-Berdel natürlich gar nichts.

Beim Kartenspiel war er allerdings sehr erfolgreich. Seinen „Gewinn" setzte er sogleich in Alkoholisches um. Auch hatte er die Angewohnheit, Ortseinwohner zur Mittagszeit aufzusuchen und dabei um eine kleine Essensprobe zu bitten. So wurde er auf seine Weise immer satt! Mal mehr, mal weniger!

Wenn auch diese Methode der Essensbeschaffung nicht immer Erfolg versprach und ihn der Hunger zu stark plagte, begab sich der Rot-Berdel in den nahen Wald. Hier ging er äußerst geschickt der Wilderei nach. Auch so konnte er das eine oder andere Nahrungsmittel „erhaschen". Was er an Wild nicht selber verspeiste, diente zum Tausch. Er kannte genug Abnehmer für sein Wildbret. Auch schreckte er einmal nicht davor zurück, einen Hahn zu stehlen und diesen für sich und seine Gäste zuzubereiten. Es war den Geschädigten auch nicht klar, dass sie da unwissend ihren eigenen Gockel verzehrten.

Es mutet fast wie ein Wunder an, dass es dem Rot-Berdel sogar und das trotz seiner weithin bekannten Lebensführung gelang, eine Frau zu heiraten. Es muss wohl eine unwissende Auswärtige gewesen sein. Und noch seltsamer ist die Tatsache, dass seine Ehefrau ursprünglich viel Geld in die Ehe brachte. Viel eher passt dagegen zum Rot-Berdel, dass die Unglückliche, als sie sich schließlich von ihm trennte, nichts mehr besaß.

Bei einem Wirt war er hoch verschuldet. Ursprünglich hatte der Gastronom beschlossen, ihm weder Essen noch Trinken mehr zu geben. Doch irgendwie gelang es unserem Lebenskünstler, ihn auf seine Weise für sich einzunehmen. Er gab ihm als „Entschädigung" mehrere Tischdecken. Selbst beim Militärdienst blieb er sich treu. „Organisieren" hatte er in seinem Leben schon genug gelernt und erfolgreich praktiziert, durchaus eine Tugend, die bei Soldaten sehr beliebt und in bestimmten Situationen auch lebensrettend sein konnte. Nicht einmal den Nationalsozialisten gelang es, ihn in ihrem Sinne umzuerziehen. Er wurde zwar unverzüglich als „Arbeitsscheuer" nach Dachau eingeliefert. Doch auch das überstand er unbeschadet.

Nach dem Zweiten Weltkrieg zeigte er auch vor der französischen Besatzungsmacht keinerlei Berührungsängste. Er beriet französische Offiziere, pflegte aber auch gleichzeitig intensiven Kontakt zu verschiedenen Bootsbesitzern. Er ging rege dem Schmuggel über den Rhein nach. Östlich des nahen Rheins begann damals bereits die amerikanische Besatzungszone. Um die Franzosen für sich günstig zu stimmen, gab er ihnen von seinen „Waren" selbstverständlich immer etwas ab. Einmal hatte er ein Verhältnis zu einer Witwe, die von ihm in dieser schweren Zeit für ihre besondere „Zuwendung" etwas Mehl verlangte. Rot-Berdel gab jedoch der Auserwählten lediglich einen Sack Gips. Auf diese Weise erlangte der Rot-Berdel in seiner Zeit in Jockgrim einen äußerst hohen Bekanntheitsgrad.

Der Schinderhannes und der Geizhals vom Alsenztal

Johannes Bückler, besser bekannt als „Schinderhannes", ist im Rheinland und weit darüber hinaus bis heute ein fester Begriff. Doch in den letzten Jahren wird er vor allem mit dem weiter nördlicher gelegenen Hunsrück in Verbindung gebracht. Viele Nordpfälzer legen jedoch Wert darauf, dass auch sie einen gehörigen „Anteil" an „ihrem" Schinderhannes haben.

So hat sich in der Volksüberlieferung folgende Begebenheit erhalten: Im Alsenztal lebte einst ein äußerst geiziger Bauer. Er war einzig auf materielle Reichtümer bedacht. Vor allem wollte er seinen Besitz durch den Erwerb von Schollen mehr und mehr vergrößern. Der Geizhals hatte eine Tochter, die gern einen mittellosen, aber dennoch fleißigen Knecht ehelichen wollte. Der Vater lehnte das ab, denn was konnte ein Knecht schon mit in die Ehe bringen.

Als die Tochter dann die Unverfrorenheit besaß, mit diesem Habenichts zu tanzen, schlug er sie so schwer, dass sie sich nicht mehr nach Hause wagte.

Diese Geschichte sprach sich bis zum Schinderhannes herum. Auch war ihm und seinen Räuber-Kumpanen bekannt, dass der geizige Bauer wohlhabend war und in seinem Heim ein wertvolles Armband versteckt hatte. Mehr musste der Schinderhannes nicht wissen, um ihm einmal einen Besuch abzustatten.

Eines Abends tauchte beim Geizhals ein Krämer auf, der sehr geschickt und wortreich den Bauern dazu brachte, ihm das kostbare Armband zu zeigen. In eben diesem Augenblick kam es auf dem Hof zu einem großen Tumult, den der Schinderhannes nutzte, um das Armband unauffällig an sich zu nehmen und zu verschwinden.

Am nächsten Sonntag war wieder einmal Tanz und der Schinderhannes suchte erneut die Nähe des geizigen Bauern, der ihm sogleich sein Leid klagte. Er sprach von einem großen Verlust, der ihn vor kurzem schwer getroffen habe. Der Schinderhannes bot dem Geschädigten nun seine Hilfe an, die der Geizhals nur zu gerne annahm. Auf dem Hof des Bauern veranstaltete der Schinderhannes nun ein gespenstisches Spektakel mit Zaubersprüchen und Orakeln, an dessen Ende das verschwundene Armband plötzlich wieder da war. Der Bauer konnte sein Glück kaum fassen.

Der Schinderhannes erzählte ihm nun, dass es auf dem Feld noch einen weiteren Schatz gäbe, den er nur noch bergen müsse. Sofort wurde der Bauer hellhörig. Er solle sich in einem Eisenkessel befinden. Bückler beschrieb den besagten Ort so genau, dass der Geizhals ohne auch nur eine Sekunde Zeit zu verlieren sich sofort dorthin begab und wie ein Besessener zu graben begann. Er dürfe den Kessel aber erst holen, wenn die ersten Sonnenstrahlen aufgingen, da in der Nacht der Teufel alleinige Gewalt über diese Kostbarkeit habe.

Es kam wie von Schinderhannes vorausgesagt. Im Morgengrauen hielt der Bauer tatsächlich einen Eisenkessel in den Händen. Er konnte es kaum erwarten, dessen Inhalt zu ergründen. Doch zu seiner größten Enttäuschung fand er darin nur einen stinkenden Knochen. Etwas später kam aber auch eine Botschaft zum Vorschein: „Geschieht dir recht, alter Geizhals." Ferner trug sie die seltsame Abkürzung „J. d. d. W." Die stand für „Johannes durch den Wald".

Alle im Alsenztal wussten sofort, wer sich hinter dieser vielsagenden Abkürzung verbarg.

Durch dieses Erlebnis geläutert, gab der Bauer schließlich zur Eheschließung seiner Tochter mit dem Knecht doch noch seine Zustimmung.

Johannes Bückler, der „Schinderhannes"

Der „Nickla", der westpfälzische Geisterbeschwörer

In einem etwas abgelegenen pfälzischen Dorf in der Westpfalz lebte einst der „Nickla", der gemeinhin als Schlitzohr galt. Er wohnte dort zusammen mit seiner gleichaltrigen Schwester. Im Dorf wussten sie seine Intelligenz zwar zu schätzen, doch genauso war bekannt, dass er sie in seinem Sinne weidlich ausnutzte. Dankbare Opfer waren bei ihm immer sogenannte Hasenfüße.

Eines Tages kam eine verängstigte Frau zum Nickla und berichtete ganz außer Atem, dass es in ihrem Haus spuke. Sie fürchte sich sehr und wollte vom Nickla beraten werden. Der ließ sich nur zu gerne darauf ein und hörte sich selbstverständlich mit seiner ihm eigenen Schläue die gesamte Geschichte der jammernden Frau an.

Als sie ihren Vortrag beendet hatte, nahm sich der Nickla mit seiner Antwort viel Zeit. Selbstverständlich – so sein Kommentar – wolle er ihr und ihrem Bruder gerne behilflich sein.

So begaben sie sich gemeinsam zum Haus der Frau. Als Lohn für die Vertreibung der bösen Geister aus dem Haus, erhielt der Nickla vorab Wein und ein Päckchen Tabak.

Der Nickla legte sich auf die Lauer und tatsächlich. Es herrschte absolute Stille. Oben auf dem Dachboden erklangen merkwürdige Geräusche. Zu allem Unglück bewegten sich bei einem Windstoß auch noch die Vorhänge an den Fenstern. Eine wahrlich gespenstische Szenerie, deren Ursprung der Nickla schnell erkannte. Er faselte aber weiter von Gespenstern und ließ sich von der völlig verängstigten Hausbesitzerin den besten Wein des Hauses kredenzen. Nachdem er reichlich des Weins genossen hatte, rüstete er sich zum Gehen und verkündete: „Jetzt will ich euch auch sagen, was es mit den Geistern auf sich hat. Oben auf eurem Speicher befinden sich lediglich ein paar Mäuse. Fangt sie und ihr habt wieder eure Ruhe."

Prosit! Der bronzene Zecher prostet dem Betrachter zu.

Eine Schnapsidee aus dem Donnersbergkreis aus dem Jahre 1932

Wir schreiben den Sommer 1932 in Jakobsweiler, einem kleinen Dorf am Eingang des Wildensteiner Tales (Donnersbergkreis). In dieser schwierigen Zeit voller Wirren und Armut waren ein wenig Abwechslung und Zerstreuung bei vielen Zeitgenossen sehr beliebt. Wer möchte nicht einmal seinem trostlosen Alltag entfliehen, vor allem wohl dann, wenn vermeintlich ganz nebenbei auch noch etwas Geld winkt?

So dachte damals zumindest Friedrich Mack. Eigentlich war er ein Zugereister. Er stammte nicht aus der Nordpfalz, sondern aus Frankenthal, was ihm bei den Einheimischen den Spottnamen „de Mackebuckel vun Frankenthal" einbrachte. Wie auch immer diese Schnapsidee zustande kam. Jedenfalls hatte sich der Erwähnte in den Kopf gesetzt, er wolle sich in Jakobsweiler nahe beim früheren „Gasthaus Wildenstein" lebendig begraben lassen. Sein Plan verfehlte von Anfang an nicht seine wohl durchaus beabsichtigte Wirkung und verbreitete sich in Windeseile.

Doch so ganz uneigennützig dachte Mack natürlich nicht. Er rührte selbstverständlich eifrig die Werbetrommel, denn je bekannter seine Aktion würde, um so mehr Schaulustige würden sich zwangsläufig einfinden. Da sie natürlich plangemäß einen Obolus zu entrichten hätten, erhielt er nicht nur Geld, sondern, aufgrund der ausgefallenen Idee, später sogar noch Ruhm. So war jedenfalls die Vorstellung von Friedrich Mack.

Natürlich musste ein entsprechend großes Loch in unmittelbarer Nähe der Wirtschaft erst einmal gegraben werden. Trotz aller großen Motivation konnte der Initiator dies nicht allein bewältigen. Folglich warb er drei Helfer an. Damit nicht genug. Es mussten darüber hinaus noch edle Gönner gefunden werden, darunter eine bekannte Backwarenfirma, die sein gewagtes Vorhaben finanziell unterstützen sollte.

Schon bald war ein etwa vier Meter tiefes Loch im steinigen Boden ausgeschachtet. Ursprünglich waren gar einmal sechs Meter Tiefe ins Auge gefasst worden, doch setzte da wohl der zu steinige Boden gewisse Grenzen. Der geschäftstüchtige Mack ließ sogar eigens Postkarten und Plakate drucken. Das sollte der Coup seines Lebens werden.

Schließlich gab er bei einem örtlichen Schreiner eine Holzkiste mit seinen genauen Körpermaßen in Auftrag, die im Innern mit Blech ausgekleidet wurde. Damit er aber später dort nicht erstickte, musste zu seiner Holzkiste ein etwa zehn Zentimeter dickes Rohr für ausreichende Sauerstoffzufuhr sorgen. Auch weitere Einzelheiten waren minutiös geplant. Ein Stromkabel sollte in der Kiste für genügend Beleuchtung sorgen, ein diskretes Loch als Toilette dienen.

Im September 1932 kletterte er dann tatsächlich in die Tiefe. Ursprünglich war geplant, dass er dort drei Wochen ausharren wolle. Schließlich wollte er ja nicht bloß dort eingegraben sein, sondern auch einen Rekord aufstellen. Das Grundstück wurde eingezäunt, denn selbstverständlich sollten Besucher, die näher herantraten, dafür einen Beitrag zahlen.

Doch meist kommt es im Leben anders als gedacht. Allmählich stellte die grausame Wirklichkeit ganz andere Bedingungen: Der erwartete Reichtum blieb aus, denn die Erwachsenen nahmen diese Aktion nicht ernst. Die meisten Schaulustigen waren Schulkinder ohne Geld, zudem mussten die Helfer entlohnt werden. Auch die Presse zeigte kein rechtes Interesse.

Schon bald waren die bescheidenen Einnahmen aufgebraucht und Mack warf nach elf Tagen das Handtuch und ließ sich wieder ausgraben. Bei Nacht und Nebel machten sich dann auch noch seine Partner aus dem Staub und hinterließen einen Berg Schulden. Weder der Schreiner noch der Druck der Postkarten und Plakate wurden jemals bezahlt. Es kam auch zu keinem Prozess, da es bei Mack nichts zu holen gab. Am Ende blieben ihm Hohn und Spott. Doch immerhin erwarb er sich einen gewissen Ruhm und man erzählte seine spektakuläre Geschichte bis in die 1980er Jahre hinein gern zu fortgeschrittener Zeit in feuchtfröhlichen Runden.

Kinderkram

Das Dorf Burrweiler liegt an der Südlichen Weinstraße. Neben dem edlen Wein hat sich die fast ausschließlich katholische Gemeinde bei vielen Katholiken durch die St. Anna-Kapelle und die damit verbundenen Wallfahrten einen gewissen Namen gemacht.

Einst begaben sich zwei ältere Frauen auf Wallfahrt zur St. Anna-Kapelle. Sie mussten dabei, wie bei einer Wallfahrt üblich, viele Stationen passieren. Bei jeder Station wird innegehalten und ein Gebet gesprochen – so ist es der Brauch. Schließlich waren beide an der neunten Station angekommen. Unterwegs hatten sie sich natürlich auch über private Dinge unterhalten und kannten sich entsprechend gut. Schließlich wollte die eine wissen, warum die andere eigentlich zur Wallfahrt ging.

Die so Angesprochene machte daraus kein großes Geheimnis. Sie hatte zwei erwachsene Töchter, jedoch noch keinen einzigen Enkel. Die fromme Frau wollte erbitten, dass sich bei der ältesten Tochter, die schon seit vier Jahren verheiratet war, bald Nachwuchs einstellte.

Als die Wallfahrt zu Ende ging, beschlossen die Frauen, sich im nächsten Jahr wieder auf dem Weg zur Mutter Anna zu treffen. Der Kindersegen hatte sich bei der ältesten Tocher allerdings noch nicht eingestellt. Dafür hatte die Frau eine einfache Erklärung: „Die Mutter Anna hat uns falsch verstanne. Mei Ältschi hot noch immer kenn Kinner, awer die Jingscht hot ens. Nur, verheirat isch se net."

Der „Bumbemacher" Hannickel, nebenberuflich Heiratsvermittler

Im Westrich lebte einst der „Hannickel" in einem kleinen Dorf. Hauptberuflich war er „Bumbemacher", doch nebenberuflich kam er auch gern andern Beschäftigungen nach, wenn sich dazu die Moglichkeit bot. Bekannt war er vor allem für sein loses Mundwerk. Er hatte wenig Hemmungen, sich Dingen anzunehmen, die anderen eher Zurückhaltung auferlegten, vielleicht sogar peinlich waren. Mancher Junge und manches Mädchen verdankten ihm gar ihre sexuelle Aufklärung, in einer Zeit, als dies ein Tabuthema war. Der „Hannickel" machte daraus kein großes Geheimnis. Da er beruflich ständig auf Achse war und viele Leute kannte, fühlte er sich auch dazu berufen, als „Heiratsvermittler" aufzutreten. So auch in diesem Fall.

Die Mutter des Hauses war gestorben. Sie hinterließ einen Sohn namens Jakob. Nun war völlig klar, dass wieder eine Frau ins Haus musste. Jakob sollte in den Ehestand treten, was gar nicht so einfach war, da er sehr schüchtern war und auch nicht zu den schönsten und wohlhabensten Männern im Dorf gehörte.

Jetzt kam die große Stunde des Hannickel. Wenn nicht er, wer dann konnte in dieser etwas verfahrenen Situation eine Änderung herbeiführen. Nach einem kurzen Vorgespräch hatte der Hannickel auch schon ein „Mäd" ausgemacht für Jakob. Lisbeth, die noch nichts von diesem Plan ahnte, stammte allerdings nicht aus dem Dorf, in dem Jakob lebte.

An einem frühen Sonntagmorgen begab sich der Hannickel mit Jakob auf den Weg zu den künftigen Schwiegereltern. Dort wurde alles besprochen und dabei das Anwesen, Hof und Stall gründlich in Augenschein genommen. Nach dem Rundgang gingen alle in die „gud Stubb", um bei einer Tasse Kaffee weiteres zu besprechen.

Nachdem alle Platz genommen hatten, ergriff sogleich der Hannickel selbstsicher das Wort. Jakob hatte neben ihm Platz genommen und hörte sich zunächst die Ausführungen seines Fürsprechers schweigend an. Zwar habe der Jakob in seinem Heimatdorf nicht die größten Äcker, doch das, was er besitze, das sei von außergewöhnlicher Qualität. Das gelte für die Heuwiesen, ebenso für die Erträge bei den Kartoffeln. Vom Haus ganz zu schweigen. Der Stall sei geräumig, die Ländereien umfangreich. Je mehr sich Jakob dies anhörte, und die Lobreden des Hannickel nahmen kein Ende, desto unheimlicher wurde es ihm. Er malte sich bereits jetzt schon aus, dass er es bei der Lisbeth würde büßen müssen, wenn die Wahrheit ans Licht käme. Jakob hatte dem Hannickel ein Zeichen gemacht, er wolle mit ihm noch etwas besprechen.

Unter vier Augen machte Jakob dann auch kein Geheimnis daraus, dass er mit dieser Art der „Vermittlung" ganz und gar nicht einverstanden sei. Der Hannickel hörte sich dies zwar alles an und meinte in seiner unnachahmlichen Art aber, er solle sich bloß keine Sorgen machen. Er werde die Sache schon auf seine Weise in Ordnung bringen.

Sie begaben sich zurück ins Haus und wieder war der Hannickel der Wortführer: „Jetzt wollt ihr bestimmt wissen, was wir draußen besprochen haben. Der Jakob ist ein ganz Heimlicher und hat mir soeben anvertraut, er habe in einer Schublade im Vertigo noch 2000 DM versteckt."

Der Präsentkorb

Eine Übertragung aus dem Kuseler Dialekt

In der Nähe von Bruchmühlbach-Miesau (Landkreis Kusel) in der Westpfalz lebte einst Georg Rummel, in der Mundart „Rummels Schorsch" genannt. Der Herr hatte bereits ein biblisches Alter erreicht, zählte er doch schon 93 Lenze. Nun ist es schon seit vielen Jahren in rheinland-pfälzischen Gemeinden und anderswo der Brauch, dass der Gemeindevorsteher (Owerborjemäschter) solchen betagten Mitbürgern an ihrem Ehrentag im Namen der Gemeinde einen Präsentkorb übereignet. So sollte es auch in diesem Fall sein.

Jeder andere ältere Mitbürger hätte sich darüber mit bestimmter Sicherheit gefreut, doch hatte Opa Rummel im Laufe seines langen Lebens seine Ecken und Kanten entwickelt. Und bekanntlich ändert sich der Mensch, je älter er denn wird, kaum noch, was seine ihm lieb gewordenen Gewohnheiten anbelangen. Sein Alter betreffend war er noch vergleichsweise rüstig. Er sollte, um den Präsentkorb abzuholen, ins Stadthaus kommen. Doch war Opa Rummel jemand, der nicht gerne mehr seine gewohnte Umgebung verließ. Warum sollte er sich auch zum Rathaus begeben, um dort aus der Hand des Bürgermeisters den Präsentkorb entgegenzunehmen? Nein, da hatte er doch in den letzten Jahren ganz andere Interessen entwickelt. Am liebsten saß er zu Hause in seinem Sessel vor dem Fernseher, und ließ sich dort über das Geschehen in aller Welt informieren.

Wer das „alte Kusel" sucht, kann ihm im Stadt- und Heimatmuseum begegnen.

Seine Familienangehörigen ärgerten sich über die Einstellung des eigenwilligen Alten sehr. Schließlich hatte der Präsentkorb mit diesen edlen Dingen immerhin einen Wert von 100 DM. Außerdem sollte der alte Herr mit einem Foto noch in der örtlichen Zeitung erscheinen. Welch eine Ehre – so dachten zumindest die Jüngeren. Es half zunächst alles nichts. Georg Rummel war nicht dazu zu bewegen, sich von seinem geliebten Fernsehsessel zu erheben. Mit Engelszungen hatten alle auf ihn eingeredet.

Da platzte der Familie der Kragen. Nicht einmal das verspätete Auftragen seines Leibgerichts konnte ihn dazu bewegen, seinen angestammten Platz zu verlassen. Da kam sein Schwiegersohn auf die Idee, wie man ihn am empfindlichsten treffen könnte. Kurzerhand lenkte ihn die jüngste Enkelin ab, während heimlich die Steckdose des Fernsehers so manipuliert wurde, dass das Gerät vorübergehend nicht mehr funktionierte.

Das war ein schwerer Schlag für den Senior, hatte er doch sonst keinen weiteren Lebensinhalt mehr, wie er immer wieder jammernd beteuerte. Drei Tage hielt er es tatsächlich ohne Fernseher aus. Doch dann war er endlich bereit, den Präsentkorb in Empfang zu nehmen. Natürlich wurde der Rummel Schorsch dem feierlichen Anlass entsprechend gekleidet und ließ sich bereitwillig ins Auto setzen. Vorsichtshalber gaben sie ihm auch noch eine Beruhigungstablette, damit er sich und die Familie vor dem Oberbürgermeister nicht blamiere.

Mit einer kleinen Verspätung kamen sie bei der Bürgermeisterei an. Seine Tochter hatte ihm gedroht,

falls er sich nicht gut benähme, würde dies ein drei-
wöchiges Fernsehverbot nach sich ziehen.

Doch war Großvater nicht der einzige zu Ehrende
auf dem Rathaus. Es waren noch andere Senioren da,
die ebenfalls geduldig auf ihren Präsentkorb warte-
ten und ein Fotograf hatte sich mittlerweile einge-
funden. Die Rede des Bürgermeisters ließ Rummel
noch über sich ergehen, beim anschließenden Foto-
termin jedoch weigerte er sich mitzuspielen. Eilends
wurde der Präsentkorb in Empfang genommen und
seine Tochter entschuldigte sich für das Verhalten
ihres Vaters.

Dann ging es wieder nach Hause, wo bald wieder alles in schönster Ordnung und Harmonie war:
Der Opa saß wieder in seinem Fernsehsessel, während sich die Familienmitglieder über den „Fress-
korb" hermachten.

Verflixtes Latein

Die Hintergründe dieser schon viele Jahre zurückliegenden Begebenheit sind kurz geschildert. In der Gerichtsverhandlung war ein einfacher Winzer erschienen. Ihm war ein wohl eher peinliches Missgeschick widerfahren. Der Schäferhund seines Nachbarn hatte ihm, als er dessen Grundstück betreten hatte, in den Allerwertesten gebissen. Es bedarf keiner großen Fantasie, dass der einfache Pfälzer sich bezüglich des Hundes und des gebissenen Körperteils weniger gewählt ausdrückte. Jedenfalls war ihm neben den entstandenen Schmerzen die Verhandlung im Gerichtsaal eher peinlich. Aber wer den Schaden hat ...

Der Geschädigte wünschte unmissverständlich vom Hundehalter ein Schmerzensgeld in Höhe von 1000 DM. Die Gegenseite weigerte sich natürlich, dieses Geld zu zahlen. Ihrer Meinung nach habe der Gebissene selbst schuld an dem Vorfall, da er das Grundstück seines Nachbarn betreten habe, ohne auf das entsprechende Warnschild zu achten. Dort sei ja geradezu auf die Gefährlichkeit des Hundes hingewiesen worden.

Richter sind bei solchen häufig verfahrenen Streitfällen in der Regel bemüht, einen Vergleich zu erzielen, mit dem beide Seiten leben können. Die Aufschrift des am Gartenzaun angebrachten Schildes rückte schließlich in den Mittelpunkt der Betrachtungen. Von einem bissigen Hund – so der Winzer – habe er jedenfalls kein einziges Wort gelesen. Der Richter musste nochmals genauer diesen besonderen Sachverhalt aufgreifen. Doch dann gab der Gebissene zu, es hätte dort doch etwas gestanden, etwas, was er wie „Kaffeekann" lese.

Da dämmerte es dem Richter, was wohl gemeint sein könnte. Natürlich verbarg sich dahinter ein bis zur Unkenntlichkeit verballhorntes lateinisches „Cave canem" (Hüte dich vor dem Hund!). Ein schmunzelndes Raunen ging durch den Gerichtssaal.

Damit hatte der Fall in der Tat groteske Züge angenommen. Es war also nur deshalb zu diesem tragischen Zwischenfall gekommen, weil der einfache Mann des Lateinischen nicht mächtig war. Der Richter entschied daher, man solle einen Vergleich schließen, bei welchem dem Geschädigten doch wenigstens 500 DM Schmerzensgeld gezahlt würden. Schließlich siegte jedoch die Vernunft und man einigte sich.

Die Geschichte hatte ein gewisses Nachspiel, denn auch der Hundehalter zog aus dem Vorfall seine Lehre. Das Schild „Cave canem" verschwand von seinem Gartenzaun und wurde durch „Vorsicht bissiger Hund!" ersetzt.

Speyer vor dem Ersten Weltkrieg

Um 1908 gab es in der Kreishauptstadt Speyer bereits drei Omnibusse, die für drei Speyerer Hotels, den „Rheinischen Hof", den „Pfälzer Hof" und den „Wittelsbacher Hof" warben. Streng genommen handelte es sich dabei um Kutschen, die von Kutschereien betrieben wurden. Vom Speyerer Bahnhof fuhren diese drei Busse ihre Ziele in Speyer an. Manche Speyerer Jungen machten sich damals einen großen Spaß daraus, sich hinten auf das Trittbrett dieser Gefährte zu stellen. So kamen sie zu einer kostenlosen Fahrt. Verständlich, dass diejenigen, die einen solchen Trittbrettplatz ergattert hatten, bei ihrer „Konkurrenz" nicht beliebt waren. Um ihnen diese Freude zu verderben, riefen ihre Mitstreiter den Kutschern „Hinnerum" entgegen. Dann wussten die Kutscher, dass sie ungebetene Mitfahrer hatten. Sie machten sofort von ihrer Peitsche rege Gebrauch, die dann entsprechend nach hinten losging. Äußerst schmerzhaft wurde es, wenn einem solch ein Peitschenhieb an Nasen und Ohren erwischte. Auf der Stelle war die unerlaubte Fahrt dann beendet. Glücklich konnte sich der dann schätzen, der weich landete. Wesentlich schmerzhafter verliefen Stürze auf das harte Kopfsteinpflaster mit entsprechenden Blessuren.

Auch gab es noch weitere Spiele, die damals nicht überall ungeteilte Zustimmung, vor allem in der Welt der Erwachsenen fanden. Reifrollen war damals bei Jugendlichen äußerst beliebt. Doch nur Kinder aus wohlsituiertem Hause konnten sich einen echten Eisenreifen leisten. Die meisten mussten sich mit der

Felge eines längst ausrangierten Fahrrades begnügen. Hauptsache rund! Gelegentlich kam es vor, dass diese Eisenreifen zu schnell bewegt wurden. Ihre jugendlichen Eigentümer verloren nicht selten die Kontrolle über ihre Eisenreifen. Dabei machten sich diese selbstständig und landeten zwischen den Beinen von fluchenden Erwachsenen. In solchen Fällen blieb den kindlichen oder jugendlichen Übeltätern nur noch die Flucht nach vorn. Auf und davon war dann die Devise, auch wenn man wohl oft den Eisenreifen dann als schmerzhaften Verlust verbuchen musste.

Eine Reizfigur der Speyerer Jugend vor dem Ersten Weltkrieg war der „Radiesl". Sie brauchten ihn nur mit diesem Uznamen zu benennen, um ihn zur Weißglut zu bringen. Doch wollte gut bedacht sein, ob man ihn provozieren sollte. Er war bärenstark, von Beruf u. a. Möbeltransporter. Gelegentlich wird er auch mal einen jugendlichen Spötter vermöbelt haben, wenn es ihm zu bunt wurde. Besonders gerne mochte er Hunde, die er sich hielt. Er hatte sie im wahrsten Sinne zum Fressen gern. Lakonisch meinte er dann dazu: „Besser ich fress' mich an dir satt, als wie du frischd mich arm!" Neben Möbeltransporten nahm der Radiesl auch zahlreiche weitere Gelegenheitsarbeiten an. Wenn gar nichts mehr ging, nahm er auch mal einen Brezelkorb in die Hand und machte der Brezel-Christin Konkurrenz. Über die Qualität seiner Brezel gab es allerdings unterschiedliche Auffassungen. Manche behaupteten, sie seien so stark gewürzt, dass man niesen müsse.

Merkwürdig wirkte auf die Speyerer Jugend die alte „Nuberin vom Spital". Auch wenn man sie nicht sah, war ihre laute Stimme kaum zu überhören. Sie hatte ein loses Mundwerk und, für eine Frau weit und breit in jenen Tagen eher ungewöhnlich, ein Holzbein. Es galt die etwas boshafte Vorstellung, sie könne nicht links herum tanzen. Dann bestünde die Gefahr, dass sich ihr Holzbein lösen – will sagen – herausschrauben würde.

Zum „Alten Speyer" gehörte auch „Herr Renzeberger", von Beruf Schrotthändler. „Lumbe, alt Eise, Knoche, Babier, zahle die hegschde Breise dafier!", so erklang es, wenn Herr Renzeberger mit seinem Eselkarren zielsicher durch Speyer kutschierte. Dann sammelte er das Altmaterial ein. Nicht selten fuhren auch Buben auf seinem Karren mit, die ihm beim Aus- und Einladen halfen. Seine Ehefrau, Rebekka, war eine etwas korpulente Dame mit Bärenkräften. Sie war herzensgut und gab hungernden Kindern gerne etwas zu essen, obwohl sie selbst nicht viel hatten.

Bei den „Holzmächern"
in den Wäldern um Speyer

An und für sich gilt die Oberrheinische Tiefebene aufgrund ihrer Klimagunst und fruchtbaren Böden eher als waldarm. Lediglich auf den Sanddünen haben sich bis auf den heutigen Tag vergleichsweise große Waldgebiete erhalten. In ihnen herrschen meist Kiefern, auch Föhren oder Forlen genannt, vor.

Schon immer erfüllte der Wald äußerst vielseitige Funktionen. Neben Holzgewinnung waren vor allem für ärmere Bevölkerungskreise sogenannte Waldnebennutzungen bedeutender als die eigentliche Holzentnahme. Das konnte auch das Sammeln von Beeren, Pilzen, Brennholz usw. beinhalten. Ärmere Bevölkerungsschichten erhielten vom Forstamt die Erlaubnis, mittwochs und samstags im Wald Holz zu sammeln.

Auch Baumstümpfe gefällter Kiefern ließen sich aus dem sandigen Boden ausgraben. Das war allerdings eine große Schinderei. „Holzmächer" nannte der Volksmund diese Leute, die mit Wägelchen und Karren in den Wald zogen und sich glücklich schätzten, wenn sie nach getaner Arbeit ein holpriges Gefährt, möglichst mit Kienholz voll beladen, wieder nach Hause brachten. Während sich die Männer mit den Stubben abmühten, lasen die Frauen Reisigbündel zusammen. Auch war es erlaubt, aus den hohen Kronen der Föhren mit Reißhaken dürre Äste zu entnehmen, ein nicht minder mühsames, aber beliebtes Treiben. Trockenes Kienholz war als Holz zum Anfachen der Öfen sehr begehrt.

Nach schwerer Arbeit kehrten die „Holzmächer" in die Waldgaststätte „Waldeslust" ein, um sich von der schweren Plackerei zu erholen.

Dort wohnten auch Holzfäller, meist Italiener, die eine Firma der „Gebrüder Himmelsbach" dort einquartiert hatte. Sie fällten in den Waldungen Bäume.

Wer heute die großen Waldungen um Speyer durchfährt, beispielsweise auf der Autobahn, kann sich kaum mehr vorstellen, dass dort noch vor etwa 90 Jahren Bedürftige mit Leiterwägelchen Holz und Reisig aufklaubten, um sich auf diese Weise mit Brennvorräten für den nahen Winter einzudecken.

Brezel-Christine und Brezel-Ferdinand – zwei Speyerer Originale

Die meisten Personen, denen wir noch einmal in diesem Büchlein begegnen, sind schon häufig seit vielen Jahrzehnten tot und mit ihnen verging das Gewerbe, das ihnen und ihren Angehörigen einst Brot und Arbeit gab. Bei den Brezelverkäufern beiderlei Geschlechts muss jedoch von dieser Aussage eine gewisse Ausnahme gemacht werden. Auch heute noch sind sie in vielen Städten und Dörfern, vor allem in südwestdeutschen Straßenbildern nach wie vor ein weiterhin durchaus vertrauter Anblick. Ihre Ware ist immer noch bei Jung und Alt heiß begehrt.

Auch im geschichtsträchtigen Speyer gingen Brezelleute damals wie heute ihrem eher mühseligen Handwerk nach. Zwei von ihnen sind jedoch bis auf den heutigen Tag unvergessen. Und das hebt sie von ihren zahlreichen Mitstreitern ab.

Brezel-Ferdinand, bürgerlich Ferdinand Hellmuth, starb bereits mit 47 Jahren im Jahre 1876. Er war also noch ganz ein Kind des 19. Jahrhunderts. Um seinen „Stall voll Kindern" satt zu bekommen, musste er jeden Tag Brezel verkaufen. Als urwüchsiger Speyerer wohnte er mit seiner großen Kinderschar in der Mönchsgasse hinter der einstigen Herberge „Zum roten Löwen".

Trotz seines aus heutiger Sicht eher kurzen Lebens wurde ihm nach dem Tode eine Ehre zuteil, wie es nur wenigen seiner Zunft jemals vergönnt war und wie sie wohl in dieser Form kaum noch einmal zukommen wird. Trotz seiner Armut muss er als redlicher Familienvater wohl auf seine Weise beliebt und geschätzt gewesen sein. Andererseits gibt es keine Erklärung dafür, dass ihn ein Künstler des 19. Jahrhunderts in Speyer an einem ganz besonderen Gebäude verewigte, nämlich am Speyerer Dom! Richtig gelesen! Dies ist mehr als ungewöhnlich, wenn man bedenkt, welche höchsten Würdenträger im kirchlichen und weltlichen Herrschaftsbereich dort ihre letzte Ruhestätte fanden. Es waren – wie viele Geschichtsbewusste bestens wissen und in jedem Geschichtsbuch nachlesbar – vier Kaiser, vier Könige sowie drei Kaiserinnen.

Und dennoch findet sich am Portal des ehrwürdigen Domes linker Hand ein Denkmal, das einen Brezelverkäufer darstellt. In Stein gehauen hält er unverkennbar in der rechten Hand eine Brezel, mit der linken greift er sich an den Hals. Welch eine ungewöhnliche Darstellung eines Brezelverkäufers, dem an dieser Stelle der Bildhauer auf seine Weise ein Denkmal für die Ewigkeit gesetzt hat.

Brezel-Christine wurde dagegen nach ihrem Tode nicht an solch markanter Stelle verewigt. Von ihr gibt es nicht einmal eine bildliche Darstellung, wohl aber Beschreibungen. Demnach war sie eine recht passable Person mit ihren dunklen Augen, roten Backen und gestriegeltem Haar. Auch ist sie bis auf den heutigen Tag bekannter als Brezel-Ferdinand. Letzteres hängt wohl auch damit zusammen, dass sie im Vergleich zu ihrem Speyerer Kollegen länger lebte. Sie wurde 1840 in Neustadt an der Weinstraße geboren und starb erst 1906.

Von jeder Perspektive aus betrachtenswert: der geschichtsträchtige Dom zu Speyer

So bot sie Tag für Tag ihre Ware an und erlangte bereits zu Lebzeiten eine gewisse Beliebtheit. Nicht selten verschenkte sie den Rest ihrer Ware an die Kinder, die auf ihre Weise „Bretzel-Krischdine" mochten.

Sie wohnte in verschiedenen Stadtteilen in Speyer. Ihren letzten Standplatz hatte sie in der Nähe der „Sonne". Vielleicht etwas symbolträchtig, denn – wie man sich gut vorstellen kann – war ihr Leben nicht gerade mit Reichtümern gesegnet. Sie blieb zeitlebens unverheiratet. Sie versäumte es nicht, gerne darauf hinzuweisen, welche Eskapaden sie sich während ihrer Jugendzeit erlaubte, als sie noch jung, frisch und knusprig war.

Ihre volkstümliche Popularität verhalf ihr über den Tod hinweg zu einem gewissen „Ruhm". Fortan galt sie als eine Musterrepräsentantin ihres Gewerbes. Seit 1910 kam in Speyer der Brauch auf, beim Brezelfest eine Strohpuppe mitzuführen, eben die allgemein so geschätzte „Brezel-Chrischdin".

Später wurde die Strohpuppe durch lebende Repräsentantinnen ersetzt. So viel Ehre und Wertschätzung hätte sich die längst Verstorbene wohl zu Lebzeiten nie erträumen lassen.

Die „Schöne Carola" und Sam, der Arbeitselefant

Vor den Toren der Stadt Kaiserslautern liegt die Doppelgemeinde Enkenbach-Alsenborn, einst Heimat der Schausteller, Seiltänzer und Bajazze. Die Zirkuswelt wird meist mit humorvollen Sachverhalten verknüpft. Hinter den Kulissen sieht es jedoch oft anders aus. Eingeweihte wissen auch, dass das Leben der Schausteller und „Komödianten" eher entbehrungsreich und ernst war, ganz im Gegensatz zur Heiterkeit, die das Publikum in der Manege von ihnen erwartete.

Die Schaustellerfamilie Moulier (Künstlername der Familie Gustav Hermann Müller/Berlin) gastierte in Frankreich, als der Erste Weltkrieg über sie hereinbrach. Die Männer wurden sogleich zum Kriegsdienst eingezogen. Die Schausteller selbst schafften es von dort noch bis nach Alsenborn, wo dann der Zirkus aufgelöst wurde. Es gab allerdings noch zwei Elefanten, die in einer Scheune in Alsenborn untergebracht waren. Ebenso vor Ort war noch die Tochter der Schaustellerfamilie, im Dorf kurz die „schöne Carola" genannt.

Einmal wollte Carola den an ihrer Villa gelegenen großen Garten umgraben lassen. Sie suchte händeringend nach Personal. Doch im Kriegsjahr 1917 waren verständlicherweise verfügbare Arbeitskräfte rar. Da kam ein Ortseinwohner, der Hausschreiner der Mouliers, auf die Idee, sie möge doch einmal ihre Elefanten zum Arbeitsdienst heranziehen. Carola fand die Idee gar nicht so abwegig. Sofort hatte sie einen ihrer Elefanten im Visier. Sam, so meinte sie, sei ein gutmütiges Tier. Der Elefant wurde aufs Feld geführt und die Egge eingespannt. Und tatsächlich, der Elefant erledigte die Arbeit im Nu und ohne große Schwierigkeit. Sie führten ihn an Bäumen vorbei, wobei er allerdings dann und wann einen Ast abriss. Später jedoch, so die Überlieferung, habe der Elefant randaliert und dabei einen vierzig auf vierzig Zentimeter dicken Türpfosten aus Bruchstein umgeworfen.

Doch blitzschnell hatte sich im Ort die Kunde verbreitet, endlich habe die Ortsbevölkerung einen zuverlässigen Helfer gefunden, der auch schwere Arbeiten nicht scheue.

Zu Hause erzählte der Ortseinwohner seiner Frau von dem erfolgreichen, wenn auch ungewöhnlichen Arbeitseinsatz. Sofort meinte die Ehefrau des Schreiners, man könnte doch Sam für eigene Zwecke und Arbeiten, beispielsweise bei der schweren Feldarbeit, einmal einsetzen.

Der Schreiner sprach bei Carola vor, ob er den Elefanten einmal „ausleihen" könne. Diese willigte ein, nicht ohne ihn darauf hinzuweisen, welche Anredeformen zu gebrauchen seien, damit der Elefant gehorche. So nannte sie ihm ein Kommando, damit Sam sich hinlege. Es wurde eine Probe aufs Exempel gemacht. Und tatsächlich: Nach dem erfolgten Befehl legte sich das Tier willig nieder.

Wieder wurde das Tier aufs Feld zu der zu bearbeitenden Parzelle geführt. Leider befand sich aber in unmittelbarer Nähe ein Acker mit ausgesätem wogendem Korn, für einen Elefanten eine große Herausforderung. Sofort nahm er die Witterung auf.

Der Besitzer des Kornfeldes war natürlich auch zugegen, und warnte eindringlich, er möge doch bitteschön den Elefanten von seinem Kornacker fernhalten. Doch schon hatte der Elefant einen Kornbüschel im Maul, den er genüsslich zerkaute. Damit nahm das Unglück seinen Lauf. Natürlich sind auch zahme Elefanten sich ihrer Stärke voll bewusst. Die Situation geriet außer Kontrolle. Das Tier wurde zunehmend störrischer. Es suchte in großer Erregung auf dem Boden nach Steinen und Stöckchen, die es nach den umstehenden Menschen warf. Dann sauste es mit der Egge durch das benachbarte Kornfeld. In seiner großen Not schrie der Mann seiner ältesten Tochter zu, sie möge sofort Carola rufen.

Wenig später traf die Elefantenbesitzerin vor Ort ein. Carola rief dem Elefant zu: „Was machst du denn da? Darf man denn so etwas machen?"

Es gelang ihr, den Elefanten zu beruhigen, aufzusteigen und auf dem Dickhäuter nach Alsenborn zurückzureiten.

Soweit die heitere Geschichte der Arbeitselefanten. Tragisch war dagegen, dass auch sie den Ersten Weltkrieg nicht überlebten. Solche großen Tiere brauchen pro Tag bis zu 60 Pfund Heu. Das war auf Dauer – vor allem im Winter – in ausreichender Menge nicht zu beschaffen. Da konnte auch die willige Schuljugend nicht helfen, die den Tieren ab und an einmal einen Apfel spendete. Irgendwann waren die Elefanten verendet und das Trompeten der Tiere in Alsenborn verstummt.

Glück im Unglück –
Von mittelalterlichen Geschossen

Im nordpfälzischen Städtchen Wolfstein befinden sich hoch oben am Berghang die beiden Burgruinen des Alten und des Neuen Schlosses. Noch heute wundern sich viele Besucher des Neuen Schlosses über einen Haufen Kanonenkugeln, die längst fest miteinander vermauert wurden. Und das aus gutem Grund. Die beiden Ruinen der Wolfsteiner Burgen waren in der Zeit vor dem Ersten Weltkrieg durchaus beliebte Abenteuerspielplätze der Kinder und Jugendlichen, regten sie doch zu jeder Zeit die kindliche Fantasie in besonderem Maße an.

Eines Tages hatten spielende Kinder in der Burgruine des Neuen Schlosses im alten Gemäuer eine Kanonenkugel entdeckt, die sie unbedingt aus dem Gemäuer herausholen wollten. Nach mehreren Tagen mühsamer Arbeit gelang ihnen dies tatsächlich. Die schwere Steinkugel war aus dem Gemäuer befreit. Leicht hätten sie die Kugel noch festhalten können, doch war das gesamte Burgengelände leicht abschüssig. Die Naturgesetze nahmen ihren Lauf. Die Kugel setzte sich in Bewegung, nahm immer mehr Geschwindigkeit auf und war schließlich nicht mehr zu stoppen. Mit Entsetzen blickten die Kinder dem mittelalterlichen Geschoss hinterher, das auf seinem Weg alles mit sich riss, was sich ihm in den Weg stellte.

Am Fuße des Berghanges stand ein hölzernes Häuschen, dessen Tür mit einem Herzchen versehen war. Ein merkwürdiger Zufall wollte es, dass gerade der schon etwas betagte Postbote aus Wolfstein sei-

Blick vom steilen Burgberg auf die verwinkelte Altstadt Wolfsteins

nen Dienst versah. Er war gerade auf dem Weg zum Toilettenhäuschen, als die Kanonenkugel dort einschlug und es in seine Einzelteile zerlegte. Erst allmählich begriff er, worum es sich handelte, und in welch großer Gefahr er sich für einen kurzen Augenblick befunden hatte.

Die Kinder hatten oben auf dem Berg alles in sicherer Distanz mitbekommen und schlichen heimlich von dannen. Natürlich kam die Sache heraus, und die Übeltäter wurden zur Rede gestellt. Sie verstanden schließlich, welche Gefahr von ihrer scheinbar harmlosen Spielerei ausgegangen war und wie leicht ein Mensch hätte zu Schaden kommen können.

Das ganz **persönliche Geschen**
– die Jahrgangsbände!

Erhältlich für die Jahrgänge **1922 bis 1989**

„Aufgewachsen in der DDR"
Erhältlich für die Jahrgänge **1935 bis 1979**

Beide Reihen werden fortgesetzt!
Erinnern Sie sich an die
ersten 18 Lebensjahre -
an Ihre Kindheit und Jugend!

www.jahrgangsbaende.de